Franz Ilwof

Tauschhandel und Geldsurrogate in alter- und neuer Zeit

Franz Ilwof

Tauschhandel und Geldsurrogate in alter- und neuer Zeit

ISBN/EAN: 9783743302341

Hergestellt in Europa, USA, Kanada, Australien, Japan

Cover: Foto ©ninafisch / pixelio.de

Manufactured and distributed by brebook publishing software (www.brebook.com)

Franz Ilwof

Tauschhandel und Geldsurrogate in alter- und neuer Zeit

TAUSCHHANDEL

UND

GELDSURROGATE

IN

ALTER UND NEUER ZEIT.

VON

FRANZ JLWOF.

GRAZ, 1882.

LEUSCHNER & LUBENSKY,
k. k. Universitäts-Buchhandlung.

Druck von Leykam-Josefsthal.

VORWORT.

Vorliegende Schrift ist durch Erweiterung und Ergänzung eines Vortrages über „Tauschhandel und Geldsurrogate bei Griechen und Römern, bei Germanen und Slaven" entstanden, welcher im verflossenen Jahre in einem wissenschaftlichen Vereine in Graz gehalten wurde. Dadurch wird manches in der Form des Gegebenen und der Umstand seine Erklärung finden, dass die Literaturnachweise nicht bei den betreffenden Stellen, sondern am Schlusse allgemein verzeichnet erscheinen. Möge das Gebotene als Schrift ebenso freundliche Aufnahme finden, wie seiner Zeit dem Gesprochenen zu Theil wurde.

Graz, Juli 1882.

Der Verfasser.

I.

Einleitung.

Die Wirthschaft eines jeden Volkes zerfällt in drei Elementarprocesse: in die Production der Güter, welche die Befriedigungsmittel für die geistigen und für die physischen Bedürfnisse des Menschen schafft, in die Vertheilung der Güter, welche die Arbeitsproducte jedes Menschen, soweit sie nicht zum Selbstgebrauch bestimmt sind, gegen die Erzeugnisse Anderer umsetzt, und die Consumtion der Güter, welche diese verbraucht.

Bei der Vertheilung der Güter werden entweder Güter unmittelbar gegen Güter umgetauscht, oder man bedient sich des Tauschmittels der edlen Metalle und tauscht Güter gegen Geld, oder man setzt Güter gegen Credit, das heisst gegen das Versprechen um, in Zukunft denselben Werth oder einen gleichen zurückzuerstatten. Auf Grundlage dieser drei möglichen Umsatzarten entwickeln sich drei Wirthschaftsformen: die Naturalwirthschaft, die Geldwirthschaft, die Creditwirthschaft.

Jedes Volk beginnt seine wirthschaftliche Laufbahn mit der Naturalwirthschaft, denn der Gebrauch des Geldes als Tauschmittel setzt Ueberfluss an Arbeit oder an Producten voraus, um das edle Metall zu gewinnen oder zu kaufen. Zur Geldwirthschaft kann ein Volk erst dann schreiten, wenn es bereits wohlhabend geworden ist, wenn es mehr Güter erzeugt als es bedarf.

Die Creditwirthschaft beginnt, wenn ein geregelter Geldverkehr existirt, die Schwerfälligkeit des Geldumsatzes bereits empfunden und dadurch das Bedürfnis nach Vereinfachung der Zahlmittel geweckt wird. Diese bestimmte Aufeinanderfolge ist in der Natur der einzelnen Wirthschaftsformen begründet, und deshalb auch allgemeine historische Thatsache.

„Diese drei Wirthschaftsstufen sind nun allerdings nicht streng chronologisch von einander geschieden, sondern entwickeln sich durch allmähliche Uebergänge auseinander. Es geht mit ihnen wie mit allen grossen historischen Ideen. Während die eine im Absterben begriffen ist, beginnt die folgende bereits in immer grösseren Kreisen Macht zu gewinnen. Jede bildet einen Gegensatz zur vorhergehenden und die vollständige Verwirklichung derselben ist das Resultat eines geschichtlichen Kampfes, in welchem das Alte allmählich von dem Neuen besiegt wird. Während die Geldwirthschaft in einzelnen Brennpunkten des Verkehres namentlich in den Städten schon während des Mittelalters ausgebildet war, dauerte in vielen gesellschaftlichen Kreisen und Verhältnissen der Naturalumsatz fort und Fruchtgefälle, Fruchtzehenten und Naturalbesoldungen waren in Frankreich auf dem Lande noch im Beginn der ersten französischen Revolution allgemein herrschend und ihre letzten Reste sind in vielen Staaten Deutschlands*) erst 1848 zu Grabe getragen worden. Ebenso hat die Creditwirthschaft an einzelnen Brennpunkten der civilisirten Welt längst begonnen, obgleich die Geldwirthschaft erst am Ende des vorigen Jahrhunderts zur allgemeinen Herrschaft gelangt ist und gegenwärtig noch in den meisten Ländern Europas die vorwiegende Verkehrsform bildet."**)

---

*) Auch in Oesterreich.
**) Bruno Hildebrand in seinen „Jahrbüchern für Nationalökonomie und Statistik," II., 8.

Tauschhandel und Geldsurrogate gehören der ersten Stufe der ökonomischen Entwicklung, der Naturalwirthschaft an ja, sie treten sogar in dieser nicht sogleich, sondern erst als Resultate längerer Thätigkeit und Arbeit und höherer wirthschaftlicher Entfaltung auf; denn zuerst arbeitet Jeder nur für sein unmittelbares und augenblickliches Bedürfnis; da es keinen Ueberfluss an wirthschaftlichen Producten gibt, so besteht auch kein Umsatz, oder nur ein so geringer, dass er ökonomisch nicht in Betracht kommt; man legt den Gegenständen nur in dem Masse Werth bei, als sie für das sofortige Bedürfnis verwendbar, consumirbar sind. Dieser Charakter der wirthschaftlichen Entwicklung ändert sich, sobald eine Production über den Bedarf eintritt; nun beginnen überflüssige Güter sich zu häufen, in den einzelnen Privatwirthschaften sammeln sich gewisse zur Consumtion bestimmte Objecte, so z. B. bei den Viehzucht treibenden Völkern Hausthiere, bei den Jägervölkern Felle, bei den Ackerbau treibenden Getreide, es bildet sich das Capital der Naturalwirthschaft; der Besitz einer grossen Anzahl solcher Güter gilt als Reichthum; bald regt sich aber das Verlangen, solche überflüssige Güter gegen andere mangelnde auszutauschen — es entsteht der Tauschhandel, der Umtausch von Gütern gegen Güter. Der Nomade tauscht Vieh gegen Getreide, der Ackerbauer Getreide gegen Vieh und Felle aus; und auch unter den Ackerbauern mag der Eine mehr Getreide, der Andere mehr Vieh haben, als er bedarf und Jeder gibt den Ueberfluss gerne gegen ihm mangelnde Producte. Diesen Tauschhandel finden wir bei allen Völkern in ihrer ersten Entwicklungsperiode, daher lässt er sich durch zahlreiche Beispiele aus dem Alterthume und dem früheren Mittelalter belegen, aber auch in der Gegenwart finden wir diesen Naturalumsatz bei Völkern, welche entweder noch ausser Verbindung mit der civilisirten Welt stehen, oder denen die Natur ihre Arbeit in so geringem Masse lohnt, dass sie wahrscheinlich für immer zu einem beschränkten Dasein verurtheilt sind.

Wenn sich durch Hebung der ökonomischen Verhältnisse, durch Aufschwung des Ackerbaues, durch Entstehen gewerblicher Thätigkeit, durch Vermehrung der Bevölkerung, durch Bildung städtischer Mittelpunkte ein lebhafterer Verkehr entfaltet, wird der reine Tauschhandel, der Umsatz von Gütern gegen Güter bald zu schwerfällig und unzureichend, man sucht nach Tauschwerkzeugen, Tauschmitteln, um den Handel leichter, schneller, sicherer zu gestalten; gewissen Gegenständen, welche weit verbreitet und als Güter allgemein anerkannt sind, wird ein bestimmter Werth beigelegt und für solche Gegenstände erlangt man im Tauschwege alle übrigen Gebrauchsobjecte. Die Ware, die irgend Jemand braucht, kann gegen die allgemeine Ware umgetauscht werden, welche durch diese Anerkennung Geldsurrogat wird.

Der Unterschied zwischen Geldsurrogat und Geldzeichen besteht darin, dass jenes auch zu andern Zwecken benützt wird, während das Geldzeichen eben nur Umlaufs-, Tauschmittel ist. Geldsurrogate sind das Rindvieh bei den Germanen, der Cacao bei den Indianern, der Stockfisch bei den Isländern u. v. a.; Geldzeichen sind beispielsweise die Glasmünzen der Chinesen, das Ledergeld der alten Gallier, die kupfernen Münzzeichen Schwedens in den Jahren 1716—1719, die Banknoten, Staatsnoten, Wechsel, Checks etc. der Neuzeit.

Der Uebergang von den Geldsurrogaten zu dem Münzgelde ist aber kein plötzlicher, kein unmittelbarer; bei allen Culturvölkern wird er durch eine Zeit vermittelt, in welcher die einzelnen Metallstücke in beliebiger landesüblicher Form beim Kauf und Verkauf mit der Wage zugewogen werden — die Epoche der Barren- und Ringgeldcirculation, auf welche erst die Epoche der Münzprägung und der Münzencirculation folgt, in der die öffentliche Gewalt die einzelnen Metallstücke in bestimmter gesetzlicher Form in Umlauf setzt und ihnen durch ihr Gepräge einen öffentlich anerkannten Werth verleiht, der den Gebrauch der Wage entbehrlich macht. Erst damit beginnt die Periode der Geldwirthschaft.

Von dem Vorkommen des Tauschhandels, der Geldsurrogate und der Barren- und Ringgeldcirculation in alter und neuer Zeit, bei nahen und entfernten Völkern soll auf den folgenden Seiten gehandelt werden.*)

II.

Aegypten, Babylon, Israel, Phönizien, Karthago, Indien, Bactrien, Medien, Persien.

Obwohl die Aegyptier, das älteste Culturvolk der Erde, schon frühe stolz auf ihre höhere Bildung und ihre Reinheit, auf die Nachbarvölker als unreine blickten, und obwohl ihr Land reich an Producten aller Art und der Sitz einer regen Industrie war, so kann doch der Binnenverkehr im Nillande lange nur Tauschhandel gewesen sein. Es scheint nicht, dass unter den Pharaonen Münzen geprägt worden seien, obwohl den Aegyptiern frühzeitig Gold aus Nubien zukam und sie nahe dem Volke der frühesten Münzenprägung – den Phöniziern — wohnten. Da sie lange Zeit ihre Häfen allem Verkehre mit andern Völkern verschlossen und selbst nicht gerne als Kaufleute in fremde Lande gingen, so mag das Bedürfnis nach gemünztem Gelde erst spät rege geworden sein; die Waren, welche dennoch in ihr Land gebracht wurden, Salz, Erze, Gold, Elfenbein, Sclaven, Weihrauch,

---

*) Die zu dieser Arbeit benützten literarischen Hilfsmittel sind am Schlusse derselben verzeichnet.

Wein durch phönizische Schiffer, Gewürze, Balsam und Sclaven durch Karawanen aus Arabien und Nubien, wurden von ihnen mit Producten des einheimischen Ackerbaus und Gewerbefleisses bezahlt; der Verkehr im Innern, so lebhaft er bei der Fruchtbarkeit des Landes, bei der fortgeschrittenen industriellen Thätigkeit und bei der dichten Bevölkerung gewesen, blieb Tauschhandel, Güter wurden mit Gütern bezahlt. Die ägyptische Cultur mag schon eine mehrtausendjährige gewesen sein, als man anfing Ringe von Gold oder Silber, welche beim Kaufe gewogen wurden, als Tauschmittel zu verwenden. Diese Ringe bildeten die Hauptcourantmünze bei grösseren Zahlungen; als Scheidemünze, meint Klemm*), sollen die Scarabäen aus glasirtem Steingut und namentlich kleine viereckige, zum Theil mit Regentennamen bezeichnete durchbohrte Platten aus demselben Stoffe gedient haben; dass diese in Aegypten in grosser Menge gefunden wurden und werden und ihre Durchbohrung, um sie in gewisser Anzahl auf Schnüren aneinander reihen zu können, spricht für diese Ansicht.

Erst als im siebenten Jahrhundert v. Chr. Aegypten dem Verkehre des Mittelmeeres völlig geöffnet wurde, als den syrischen und griechischen Handelsleuten Niederlassungen und besondere Quartiere in Memphis und andern Städten zugestanden wurden, vollzog sich in Aegypten der Uebergang von der Natural-, zur Geldwirthschaft; es kamen phönizische Münzen in Umlauf, dann wurde durch die Perser das babylonische und attisch-solonische Talent eingeführt, bis die Aegyptier unter den Ptolemäern eigene Münzen zu prägen begannen.

Von den Babyloniern, deren Cultur sich unter mehrfach ähnlichen Verhältnissen entwickelte, wie die ägyptische, wissen

---

*) Klemm, Allgemeine Culturgeschichte, V. 350.

wir, dass sie sich lange der Barren und Ringe aus Silber und Gold, die beim Verkehre abgewogen und auf Feinheit geprüft werden mussten und die nicht selten auf alten Denkmälern abgebildet erscheinen, bedienten, ehe sie zur Münzenprägung übergingen; von da an wird Babylon, die grosse reiche Stadt am Euphrat, der Mittelpunkt einer frühe hochentwickelten Cultur, auch für die Geschichte der Verkehrsmittel von grosser Bedeutung; babylonische Münzen, Masse und Gewichte kamen zu den Syrern, den Persern, den Hebräern, den Aegyptiern, den Phöniziern; von den letzteren in die hellenischen Städte Kleinasiens und auf die Inseln des ägäischen Meeres; auf Aegina wurde noch um 700 v. Chr. nach babylonischem Gewichte geprägt und auch das attisch-solonische Talent beruht auf babylonischem Münzgewichte.

Bei den Israeliten währte im Verkehre der Tausch von Gütern gegen Güter sehr lange, was bei der Kleinheit ihres Landes und Volkes, bei ihrer Abgeschlossenheit von den umwohnenden Völkern leicht erklärlich ist. Zur Barrencirculation gingen sie erst unmittelbar vor dem babylonischen Exile über. Da wurde das Silber beim Kauf in viereckigen, von der Metallplatte abgetrennten Stücken dargewogen, und der Sekel, welcher als Geldeinheit galt, war keine geprägte Münze, sondern ein bestimmtes Gewicht Silber. Das Wort „darwägen" bedeutet im Hebräischen geradezu „bezahlen", und noch Jeremias bezeichnet 589 v. Chr. ausdrücklich, dass er beim Entrichten des Kaufschillings sich der Wage bedient habe.*)

---

*) „Abraham gehorchte Ephron und wog ihm das Geld dar, das er gesagt hatte, dass zuhöreten die Kinder Heth, nemlich vierhundert Sekel Silber, das im Kauf gäng und gäbe wäre." Genesis, 23, 16. — „Und (ich) kaufte den Acker von Hanameel, meines Vetters Sohne, zu Anathoth, und wog ihm das Geld dar, sieben Sekel und zehn Silberlinge; Und schrieb einen Brief und versiegelte ihn, und nahm Zeugen dazu, und wog das Geld dar auf einer Wage." Jeremias, 32, 9—10. —

Die ältesten Grosskaufleute der Erde, die Phönizier, sind es, welche zuerst, schon in früher Zeit und wie es scheint in ziemlich bedeutenden Mengen Geld aus edlen Metallen prägten. Das Silber in Münzenform wurde durch sie zum allgemeinen Verkehrs- und Tauschmittel. — Dass auch bei ihnen der Geldwirthschaft eine Periode des Tauschhandels und vielleicht auch der Geldsurrogate vorausging, ist, wenn auch nicht nachweisbar, doch vorauszusetzen. Dieser folgte die Barrencirculation; als bereits Silbermünzen in grosser Menge umliefen, wurde Gold und Silber noch immer in Barren und Scheiben als Tauschmittel verwendet. Das Silber, aus dem sie ihre Münzen prägten, holten die Phönizier aus ihren Colonien und aus jenen silberreichen Ländern, mit denen sie schon in den ältesten Zeiten Verkehr und Handelsverbindungen hatten, so vornehmlich aus Tarsis oder Tartessus (Spanien). Ihre kühnsten Schifffahrten, ihre bedeutendsten Colonisationen, ihre grossartigsten Unternehmungen, wodurch für die Völker der alten Welt das Mittelmeer erst aufgeschlossen, ja der atlantische Ocean selbst, wenn auch nur in einem kleinen Theile eröffnet wurde, entsprangen aus ihren Bemühungen, sich mit Silber zu versehen; die Silberschätze von Tartessuss brachten sie auf ihren Schiffen nach Phönizien, dort wurden aus ihnen Münzen geprägt und mit diesen kauften sie die Rohproducte des Westens und die Kunstgegenstände des Ostens, um sie gegenseitig auszutauschen; die Völker, denen sie diese Waren abkauften, nahmen gerne phönizische Silbermünzen entgegen.

So vollzog sich durch die Phönizier jener grosse volkswirthschaftliche Process, durch welchen die edlen Metalle, zuerst das Silber, allgemeine Tausch- und Verkehrsmittel wurden und der Handel aus einem Tauschgeschäfte in ein Kaufgeschäft überging, wodurch er eigentlich erst ein geordneter Handel werden konnte.

Nachdem die Phönizier längst schon zu dem gemünzten Gelde übergegangen waren, trieben sie doch selbst noch dort, wo die Bewohner an Münzen als Geld nicht gewöhnt waren, wie auf den Balearen in Spanien, in Britannien, im westlichen und nördlichen Afrika Tauschhandel — ein Beweis, dass sie als echte und rechte Kaufleute sich den Sitten, Gebräuchen, den Bedürfnissen, dem Bildungsstande ihrer Kunden anzubequemen verstanden.

In Phöniziens Tochterstaat, in Karthago, circulirten phönizische und eigene Silber- und später auch Goldmünzen; da aber die Magistratspersonen keine Besoldung erhielten, der Verkehr mit dem Auslande grösstentheils in Tauschhandel bestand und die Heere ihren Sold wenigstens zum Theil in Naturalien bekamen, welche die libyschen, sardinischen und sicilischen Aecker in reichem Masse lieferten, so scheint wenigstens vor der Eroberung Spaniens nicht viel Gold und Silber in Umlauf gewesen zu sein, was auch durch den Geldmangel vor dem Ausbruch des Söldnerkrieges bewiesen ist.

Für den Handel und Verkehr in Karthago selbst waren eigenthümliche die Stelle des Geldes vertretende Münzzeichen in Gebrauch. Aeschines berichtet darüber: „Die Karthager bedienen sich folgender Münzart: In ein Stückchen Leder wird etwas eingewickelt, was etwa die Grösse eines Stater's hat; was aber das eingewickelte ist, weiss Niemand, als die, welche es verfertigen; dann wird es versiegelt und in Umlauf gesetzt und von dem, der am meisten davon besitzt, glaubt man, dass er am meisten Geld habe und am reichsten sei." Die Nachahmung dieses Münzzeichens war strenge verboten. Näheres ist über dieses Ledergeld der Karthager nicht bekannt.

Ueber einen höchst merkwürdigen stummen Handel, den die Karthager mit einem Volke an der Küste Westafrika's trieben, erzählt Herodot[*]): „Noch sagen die Karchedonier auch folgendes. Es gebe eine libysche Landschaft, worin Menschen wohnhaft seien, ausserhalb der Säulen des Herakles, woselbst sie, wenn sie hingekommen, erst ihre Waren auslüden und am Meeresstrande in der Reihe auslegten, dann wieder in die Schiffe stiegen und einen grossen Rauch anmachten; worauf dann die Eingebornen, die den Rauch sähen, an's Meer kämen und nun für die Waren Gold hinlegten, dann aber sich wieder von den Waren zurückzögen. Darauf stiegen die Karchedonier aus und sähen nach. Fänden sie nun das Gold im Werthe der Waren, so nähmen sie's und führen damit ab; fänden sie's nicht im Werthe, so stiegen sie wieder in ihre Schiffe und warteten; dann kämen Jene wieder und legten noch mehr Gold hin, bis sie gewonnen seien. Aber kein Theil thue dem andern Unrecht; denn weder sie selbst rühren das Gold an, bevor es ihnen den Werth der Waren aufwöge; noch rühren Jene die Waren an, bevor sie das Gold genommen." — Solchem stummen Handel werden wir noch an andern Orten und zu andern Zeiten begegnen.

Von den Semiten zu den Ariern! Da in dem von der Natur so unendlich reich gesegneten Indien, das sich schon frühe einer dichten Bevölkerung mit regem Gewerbefleisse erfreute, bald nach der Eroberung der Gangesebene durch die weissen Arier lebhafter Verkehr entstanden sein muss, und die Kunst der Münzprägung erst spät nach Indien gelangte, so kann nur Tauschhandel bestanden haben. Von diesem gingen die Inder zur Barrencirculation über, Stücke edlen Metalles wurden nach dem Gewichte genommen; so sind die Geldstrafen in den alten Gesetzbüchern der Inder nach Gewichten bestimmt, deren Geltung genau festgesetzt ist und deren Namen

---
[*]) IV. 196.

sich theils auf die edlen Metalle, theils auf Kupfer beziehen. Später formten sie Stücke edlen Metalles und Kupfers, welche von bestimmtem Gewicht und mit Zeichen oder Stempeln versehen waren, und benützten sie im Handel und Verkehr. In allen Theilen Indiens wurden solche kleine Stücke von Silber, welche die Symbole der Sonne, des Mondes, eines Sternes oder ein nicht erkennbares Zeichen tragen und durch ihre rohe Arbeit hohes Altes bezeugen, gefunden. Dass die Inder spät zur Ausmünzung edler Metalle kamen, beweist auch der Umstand, dass, als bereits von allen Provinzen des persischen Reiches die Tribute in Silbergeld eingingen, die den Persern unterworfenen Goldländer des nördlichen Indiens nur unverarbeitetes Gold in die königlichen Schatzkammern von Susa und Persepolis ablieferten.

Die Kunst, Münzen zu prägen, lernten die Inder mittelbar oder unmittelbar von den Griechen. Wenn aber Pausanias*) sagt, dass die Inder, obwohl sie Ueberfluss an Gold und Silber hätten, doch nicht die Kunst des Münzenprägens verstünden, so kann sich das nicht auf seine Zeit, Mitte des zweiten Jahrhunderts n. Chr., beziehen, sondern muss als ein Nachklang aus früheren Jahrhunderten betrachtet werden.

Lässt sich bei den Aegyptiern, Babyloniern, Phöniziern, Indern der Gebrauch der Geldsurrogate in ihrer frühesten ökonomischen Entwicklung nur vermuthen und voraussetzen, so treten bei den Zendvölkern die Hausthiere, das Vieh als Stellvertreter des Geldes nachweisbar auf. In den Zendbüchern kommt keine Spur von Geldverkehr vor, nach dem Gesetze Zoroasters sind alle Vermögensstrafen in Vieh zu entrichten; nach biblischer Andeutung**) waren bei den Medern edle Metalle nicht geachtet,

---
*) III. 143.
**) Jesaias. 13, 17.

was man so zu verstehen hat, wie die ähnlichen Angaben bei den Parthern, welche Gold und Silber zum Schmuck, aber nicht als Geld brauchten; bei den Persern gab es in frühester Zeit Taxen, in denen die Preise der Waren gegen Waren, nicht gegen Geld festgesetzt waren. — Im persischen Reiche erfolgte der Uebergang von der Natural- zur Geldwirthschaft unter Cyrus und Cambyses, denn unter Darius Hystaspis war dieser Process gesetzlich bereits vollzogen; dieser König erliess eine Münzordnung, wornach eine Münze und ein Münzsystem vom Hellespont bis zum Indus gelten sollte, und zwar legte er den alten Münzfuss Babylons zu Grunde. Es bleibt dadurch allerdings nicht ausgeschlossen, dass in manchen abgelegeneren Theilen des weiten Reiches noch Tauschhandel und Geldsurrogate fortdauerten.

III.

Hellas.

Bei den Hellenen war in der heroischen Zeit aller Handel noch Tauschhandel und diesen Charakter behielt er sowohl in den Küstenlandschaften und auf den Inseln des ägäischen Meeres wegen der ungemeinen Mannigfaltigkeit der Producte, welche in diesen von der Natur so gesegneten Landstrichen gediehen, als auch in den Staaten des Festlandes, welche in jeglichem Culturfortschritte jenen nachfolgten, noch lange bei. Doch zeigte sich schon frühe das Bedürfnis, solche Gegenstände, welche einen stetigen, leicht zu bestimmenden und allgemein anerkannten Werth hatten, als Werthmesser zu benutzen. Da Ländereien und Herden die Hauptbestandtheile des Vermögens eines wohlhabenden Mannes bildeten, Landbau und Viehzucht die Hauptbeschäftigung des ganzen Volkes und die einzigen Erwerbszweige waren, so wurde das Vieh das wichtigste Tausch-, Verkehrsund Zahlungsmittel. Rinder und Schafe wurden vorzugsweise zu Geschenken und Ausstattungen, als Lösegeld für Gefangene, als Kaufpreis für Waren aller Art und für Sclaven benützt. Bei Homer finden wir Vieh als Geldsurrogat; so kaufen*) die Achäer Wein und zahlen ihn mit Häuten und lebenden Rindern, jede der hundert Quasten des Aegisschildes wird an Werth hundert Stieren gleichgeschätzt,**) die eherne Rüstung des Diomedes wird auf neun Rinder, die goldene des Glaukos auf hundert Rinder bewerthet***), um hundert Stiere wurde von Achilleus der kriegsgefangene Lykaon nach Lemnos verkauft und dreimal theurer musste er sich aus der Gefangenschaft lösen †), ein dreifüssiges grosses Feuergeschirr wird zwölf Rindern, eine vieler Arbeiten kundige Sclavin vier Rindern gleich geschätzt ††), um zwanzig Rinder kaufte Laërtes die jungfräulich blühende Eurykleia †††).

Dieses Viehgeld erhielt sich lange; in Athen waren die Strafen, welche die drakonische Gesetzgebung anordnete, noch Viehbussen, welche erst Solon in Geldstrafen verwandelte, indem er das Schaf zu einer Drachme, das Rind zu fünf Drachmen anschlug.

In Allem, was Handel, Verkehr und Schifffahrt angeht, waren die Hellenen die Schüler der Phönizier; diese kamen an die Küsten des ägäischen Meeres und bald entwickelte sich hier ein reger Verkehr; Zinn, Gold, Silber, Elektron, Elfenbein, kostbare Gewänder und Gefässe, schöne Geräthe aller Art,

*) Ilias, VII. 472—474.
**) Ilias, II. 449.
***) Ilias, VI. 235, 236.
†) Ilias, XXI. 79—80.
††) Ilias, XXIII. 702—705.
†††) Odyssee, I. 430—432.

goldene Halsbänder mit Bernstein besetzt, brachten die Phönizier und tauschten dafür Sclaven, Korn und Wein von den Hellenen ein; auf den Märkten, welche an geeigneten Stellen der Ufer abgehalten wurden, verständigten sich Hellenen und Phönizier über die Gegenstände des Handels, über Zahl, Mass und Gewicht und da die Fremden Alles, was zum kaufmännischen Verkehre gehörte, in ausgebildeterer Weise besassen, so nahmen die Eingebornen, die nichts in der Art kannten, alles von den Fremdlingen an; so kam eine Reihe der wichtigsten Erfindungen, wie die Kunst der Schifffahrt und des Schiffbaues, das Münz-, Mass- und Gewichtswesen von den Phöniziern zu den Hellenen.

Den Kern aller phönizischen Factoreien, namentlich der sidonischen, bildeten Tempel der Venus Urania und deshalb finden wir ihren Dienst an allen zum Seeverkehr geeigneten Gestaden des Archipelagus. Alle von den Ansiedlern betriebenen Geschäfte, Fischerei und Bergbau, Industrie und Handel standen unter ihrem Schutz. Durch die Phönizier kamen Gold und Silber, die man in Griechenland selbst nur in sehr geringen Mengen fand, mit den in Babylon geordneten Werths- und Gewichtsbestimmungen nach Hellas, sie haben das Metall als Werthmesser eingeführt, und von ihnen lernten die Priester an den am Meere gelegenen Aphroditetempeln den Gebrauch der Edelmetalle als Tauschmittel zuerst kennen, und diese wurden hier auch gerne und bald gebraucht, da sich bei dem vorzugsweise überseeischen Verkehre an den Küsten der Tauschhandel, wie er sonst im Lande herrschte, am frühesten ungenügend erweisen musste. Die Priester sammelten zuerst Vorräthe von edlem Metall und bezeichneten die zum Tempelschatze gehörigen Metallstücke mit dem Symbole der Gottheit. Mit diesen abgewogenen und abgestempelten Metallstücken kauften die Priester inländische und ausländische Producte und eröffneten dadurch einen vortheilhaften Handel. So entstand in Griechenland aus und neben dem Tauschhandel der Barrenverkehr. Schon bei Homer finden wir die Metalle in Barrenform als Werthmesser; Erz und blinkendes Eisen wird gegen Wein vertauscht*); ihr Leben wollen Adrastos von Menelaos und Dolon von Odysseus mit Erz, Gold und künstlich geschmiedetem Eisen erkaufen.**) Eisen wurde in Stangenform als Geld verwendet; dann tritt Kupfer und endlich Gold als Tauschmittel auf, deren Werthverhältnis schon frühe ein festes, wie hundert zu neun, war und die lange im Gebrauche als Geld in Form von Barren und ähnlichen Stücken mit Wage und Gewicht zugewogen wurden. — Auch für das nachhomerische Zeitalter ist es nachweisbar, dass grössere Quantitäten Metalle in Barrenform umliefen.

Neben dem Grosshandel und der Ansammlung von Edelmetallvorräthen bei den Tempeln, bildete sich bald bei denselben auch ein Kleinhandel; bei allen ansehnlichen Aphrodite-Heiligthümern bestand ein fortwährender Bazar; in Paphos z. B. wurden geweihte Bildchen der Göttin feilgeboten und die Schiffer stiegen vom Hafen hinauf, um sich davon einzukaufen; es sind dies jene Statuetten von gelblichem Kalkstein, welche in unzähliger Menge aus dem Boden von Cypern zum Vorschein gekommen sind; ein anderes Object des priesterlichen Kleinhandels bildeten ohne Zweifel auch in sehr früher Zeit die zum Opfer gehörigen Dinge; es war den Opfernden bequem, dieselben an Ort und Stelle und zwar in untadeliger Beschaffenheit kaufen zu können; auch Herberge und Verpflegung, sowie der priesterliche Rath und die Weissagungen mussten von den Pilgern bezahlt werden. Dazu reichte der Tausch- und Barrenverkehr nicht aus, dazu bedurfte man kleinerer, geprägter Metallwerthe. Das führte zur Ausmünzung der Edelmetalle, zuerst des Silbers; auch dies

---
*) Ilias VII. 473.
**) Ilias VI. 48, X. 379.

lernten die Hellenen von den Phöniziern; von diesen wurde jenen die Kunst gelehrt, statt des aus Erz und Eisen in Stangenform und aus Edelmetallen in Barren gegossenen Geldes Silber in Form flacher Cylinder zu prägen, in der noch heute üblichen Form der Münzen, und von den Phöniziern nahmen die Hellenen das babylonische Münzsystem an. — Dadurch wurde in Griechenland der erste Schritt zum Uebergange von der Natural- zur Geldwirthschaft gemacht und dadurch erst wurde Griechenland dem Handel mit dem Auslande recht erschlossen.

Dieser grosse Fortschritt war von den Inseln des ägäischen Meeres, von den dort befindlichen Heiligthümern, ihren Priestern und den phönizischen Colonien ausgegangen. — Erst später folgten darin die Staaten des Festlandes; bis zu Lykurg's Zeiten beschränkte sich der Handel und Verkehr in Sparta auf den nothwendigsten Umtausch von Vieh, Korn, Früchten und Geräth. Erst dieser grosse Gesetzgeber führte Geld, und zwar eisernes Geld ein, wozu er das Metall aus dem Taygetos bezog; es war natürlich, dass man jenen Stoff, von welchem man die grösste Menge und am leichtesten haben konnte, zum Tauschmittel und zu Münzen benützte, um kleinere Werthe beim Warenaustausch und anderen Verkehr auszugleichen. Lykurg führte in Sparta die schon anderwärts gebräuchlichen eisernen Stäbe (ὀβολοί d. h. Spiesse) als Münzen ein, deren sechs man mit der Hand umfassen konnte, weshalb diese Zahl eine Drachme (von δράσσω d. h. greifen, fassen) hiess. Später erhielten diese eisernen Spiesse nach der Form der inzwischen gangbar gewordenen phönizischen Gold- und Silbermünzen die Gestalt von dicken, runden Stücken, welche das Gewicht eines äginäischen Pfundes, aber nur den Werth eines halben Obolus in Silber hatten. Dieses Eisengeld diente als Scheidemünze, und um es als solche zu erhalten und den Gebrauch seines Metalles zu anderweitigen Zwecken zu verhindern, wurden diese Rundstücke in glühendem Zustande in Essig getaucht, und so zu jeder sonstigen Verwendung unbrauchbar gemacht. Der erste Hellene, der nach phönizischem Muster griechische Münzen auf dem Festlande prägen liess, soll Pheidon ·von Argos aus dem Geschlechte der Temeniden gewesen sein. Die grösste Gestalt seiner Zeit, wenigstens in Beziehung auf die politische Haltung, ist Pheidon von Argos. „In den Besitz der Häfen von Argolis gelangt, nahm er den lebendigsten Antheil an der commerciellen Bewegung der Epoche, die nun im Verkehr mit dem Orient dahin gelangt war, dass sie eines sicheren Massstabes des Werthes der Dinge nicht mehr entbehren konnte. Pheidon nahm Masse und Gewichte, wie sie nach babylonischem Vorgang die Phönizier in den Handel eingeführt hatten, herüber; dem geprägten Geld, das von Lydien kam, setzte er eine eigene Prägung entgegen, die für den Verkehr mit Vorderasien bestimmt war. Man glaubt sein Gepräge unter den ältesten Münzen von Griechenland unterscheiden zu können; der Stempel derselben entspricht dem phönizischen Aphroditecultus. Der commerciell geschulte, mächtig übergreifende Heraklide von Argos ist, soviel ich weiss, die erste chronologisch einigermassen bestimmbare Persönlichkeit in der griechischen Geschichte." „Pheidon beherrschte Epidaurus und das seegewaltige, waffenfertige Aegina, wo er seine Münzen schlagen liess."*) Man setzt seinen Tod in das Jahr 660 v. Chr.

Auf den alten griechischen Münzen von Euboia und diesen nachgebildet auf den ältesten athenischen Münzen befand sich das Bild eines Stieres — entweder ein ganzer Stier oder das Haupt oder der Vordertheil eines solchen — vielleicht eine Reminiscenz an das einstige Viehgeld; erst Solon nahm dafür das Haupt der Städtebeschützerin Athene an. — In Attika war

---

*) Ranke, Weltgeschichte, I., 1, S. 171.

in der Zeit kurz vor Solon der Tauschhandel in den Kaufhandel übergegangen, an die Stelle der Geldsurrogate und der Metallbarren waren Münzen aus edlem Metall getreten; und da zur Förderung des Handels und Verkehres eine gute Landesmünze besonders wichtig war, so machte es Solon den Athenern zum Gesetze, auf Reinheit des Metalles und Genauigkeit der Währung besonders bedacht zu sein und setzte auf Falschmünzerei den Tod. Die Folge dieser Anordnungen war, dass das feine Silbergeld der Athener überall mit Vertrauen angenommen wurde und dass der dem babylonischen nachgebildete attische Münzfuss zu grossem Vortheile des Handelsstandes auch ausserhalb Attika weite Verbreitung fand.

Die Hellenen blieben lange bei der Ausprägung der Münzen aus Silber, Goldmünzen waren noch zur Zeit des peloponnesischen Krieges neu und selten.

Nachdem die Hellenen längst zur Geldwirthschaft übergegangen waren, trieben, wie Aristoteles[*]) sagt, noch zu seiner Zeit viele barbarische Völker, mit denen die Griechen in Verkehr standen, Tauschhandel.

Eigenthümliche Geldzeichen hatten einige griechische Colonien in Zeiten der Noth. So gab es in der jonischen Colonie der Klazomenier in Kleinasien eiserne Creditmünzen; diese Colonie war ihren Miethstruppen 20 Talente Gold schuldig, welche sie den Anführern jährlich mit 20 Percent verzinsen musste; sie schlug deshalb 20 Talente eisernes Geld, legte ihm Silberwerth bei, vertheilte es unter die Reichen und erhob von diesen dafür den Nominalwerth in Silber, womit sie die Schuld abzahlte; allmählich löste der Staat dieses Eisengeld wieder mit Silber ein und zahlte in der Zwischenzeit denen, welche Silber für dieses

---
*) Politik. 1. 9.

Geld geliefert hatten, Zinsen, daher waren diese Eisenmünzen weder Geld noch Geldsurrogat, sondern verzinsliche Staatsschuldscheine. — Byzanz hatte zur Zeit des peloponnesischen Krieges Eisenmünzen für den innern Verkehr eingeführt, um das Silber zum auswärtigen Handel, zur Kriegführung und zu den Tributen gebrauchen zu können. Sie unterscheiden sich von den Eisenmünzen der Klazomenier dadurch, dass sie keine Zinsen brachten und also als eigentliches Creditgeld circulirten. Ebenso verhielt es sich mit dem Scheingeld von Kupfer, welches in Athen der Feldherr Timotheos im Feldzuge gegen Olynth aus Mangel an Silber prägen liess.

Man ersieht aus diesen Massregeln, dass die Hellenen auf dem Gebiete der Geldwirthschaft, der Münzpolitik und des Finanzwesens sich bereits mit Geschick zu bewegen wussten.

IV.

Alt-Italien, Rom.

Italiens Handel in der ältesten vorhellenischen Periode war auf den Verkehr der Italiker unter sich beschränkt; doch trieben sie ihn frühzeitig schon auf grossen Messen, „lange bevor das erste griechische oder phönizische Schiff in die Westsee eingefahren war"; man tauschte Wein und Korn aus, das kupferarme Latium bezog seinen Bedarf hieran von Etrurien und zahlte gewöhnlich mit Sklaven. — Als der Handel mit Hellenen, Phöniziern und Karthagern begann, bezog Italien in der ältesten Zeit ebenso wie damals als unter den Kaisern Rom ein Weltemporium geworden, seine Luxuswaren: Schmucksachen aus Glas, Straussneier mit gemalten oder eingeschnitzten Sphinxen und Greifen, Gefässe von bläulichem Schmelzglas oder grünlichem

Thon, wahrscheinlich ägyptischen Ursprungs, Salben, Purpur, Elfenbein, Weihrauch u. a. aus dem Oriente und bezahlte dafür mit Rohproducten: Kupfer, Silber, Eisen, Schiffsbauholz, Sclaven, Bernstein von der Ostsee, der durch Zwischenhandel nach Italien kam und wenn etwa im Auslande Missernte eingetreten war, mit Getreide. An solchen Rohproducten und gesuchten Tauschartikeln war besonders Etrurien reich, während Latium wenig davon zu bieten hatte; daher entwickelte sich dort ein lebhafter Handel, der sich über ganz Italien und nordwärts bis tief in die Alpen hinein erstreckte, aber auch mit den zur See gekommenen Phöniziern, Karthagern und Griechen lebhaft betrieben wurde und hohen Wolstand Etruriens zur Folge hatte, während Latium eine ackerbauende Landschaft blieb. Diesem Stande der Culturentwicklung entsprechend, blieb bei den Römern lange das Rind und das Schaf Tauschmittel, daher *pecunia* von *pecus*, und die dem Staate zu zahlenden Bussen waren in der ältesten Periode bis zur Zeit der Decemviralgesetzgebung in einer gewissen Anzahl von Stücken Vieh angesetzt und in diesen zu entrichten, woraus für das Gemeinwesen ein Besitz von Vieh hervorgehen musste. Wer dies dem Staate gehörende Vieh als sein Privateigenthum behandelte, machte sich des hiernach benannten Verbrechens des „*peculatus*" schuldig, mit welchem Namen später allgemein die Unterschlagung öffentlicher Gelder bezeichnet ward. — Einen Fortschritt in dieser Beziehung bildet der in Rom gegen Ende der Königsperiode erfolgte Uebergang vom Viehgelde zu Kupferbarren; man kaufte und verkaufte seit dem dritten Jahrhunderte der Stadt alle Waren gegen Kupfer nach dem Gewicht und das Pfund gewogenes Kupfer war Wertheinheit. Aus Kupfer, welches in ältester Zeit in Italien das gewöhnlichste Nutzmetall war, aus dem die ältesten Waffen und Ackergeräthe angefertigt wurden, wurde also auch das erste Barrengeld erzeugt.

„Die Kupferstücke wurden ursprünglich nicht gezählt, sondern gewogen. Ausser vielen anderen in der Sprache erhaltenen Spuren zeigt dies namentlich der altrechtliche Zahlungsact, wie er in der Mancipation und in der solennen Zahlungs- und Rückzahlungsform des Darlehens enthalten ist: bis in späte Zeit hinab wird hier das Zahlungsmittel vorgestellt durch ein formloses Kupferstück."

Solche rohe Kupferstücke wurden in grosser Menge an verschiedenen Orten gefunden. „An den Quellen des Arno, in einem trocken gelegten heiligen See unter dem Berge Fulterona wurden eine Menge bronzener Weihgeschenke aufgelesen, darunter vielleicht tausend formlose Kupferstücke, gross und klein, von zwei Pfund bis zu zwei Unzen. In den Apollobädern bei Vicarello unweit des alten Tarquinii kamen gleichfalls ausser einer Menge kupferner Münzen über 1200 Pfund Kupfer in mehr als 10000 formlosen Stücken zum Vorschein." Südöstlich von Volci, unmittelbar neben dem ponte della Badia, einem antiken und unverletzten Bauwerk, fand sich fünf Palmen unter dem Boden ein Topf ganz angefüllt mit Kupferstücken, deren man drei verschiedene Sorten unterscheiden konnte: Stücke von länglich-viereckiger Form im Gewichte von zwei bis drei Pfund, welche das Gepräge eines Rindes, eines Dreizacks, zweier Delphine, zweier fressender Hühner und dgl. trugen, gegossene Würfel ohne Gepräge von einem Pfund bis zu einer Unze wiegend, und Stücke von gedrückt-elliptischer Gestalt. Da dieser Topf für sich allein und ohne Spur von Gräbern in der Nähe und auch in einer so geringen Tiefe gefunden wurde, wie Gräber sie selten zu haben pflegen, so enthielt er sicher einen vergrabenen Schatz, und aus diesen Kupferstücken kann man entnehmen, wie man mit dem Metalle verfuhr, um es zum Barrengelde zu machen. Die kleineren Stücke bis zu einem Pfunde blieben ungeformt oder erhielten höchstens eine rohe runde oder cubische Gestalt, die grösseren wurden durchgängig in viereckige Barrenform gegossen und auf beiden Seiten mit einer Marke versehen, die ganz nach Art des Münzgepräges, bald auf beiden Seiten dieselbe, bald verschieden ist; am häufigsten erscheint das Rind, vermuthlich um den Uebergang von dem Viehgelde zum Barrengelde durch Uebertragung des alten gewohnten Werthmassstabes auf das neue Zahl- und Tauschmittel zu vermitteln und zu erleichtern; aber auch Schweine, Hähne, Delphine, Dreizacke, Caduceen, Schilder, Schwerter, Dreifüsse, Anker finden sich in dieser Art verwendet; hingegen erscheinen die auf den Münzen gebräuchlichen Wappen, wie die römische Galeere, und die Werthbezeichnungen, die auf den Münzen immer sich zeigen, auf diesen Kupferbarren niemals.

Die Einführung dieses Kupfergeldes, ebenso wie die von Mass und Gewicht, schreibt die römische Ueberlieferung dem Könige Servius Tullius zu; es heisst von ihm, dass er zuerst das Kupfer mit Marken habe versehen lassen (*primus signavit aes*) und zwar mit dem Zeichen des Rindes und Schafes, auch des Schweines, während man bis dahin des formlosen Kupfers sich bedient habe. Dieser Bericht stimmt genau zu den Ergebnissen der Funde, so dass man als den Beginn der Barrencirculation mit Sicherheit das Ende der Königsperiode bezeichnen kann; die Barren wurden von Staatswegen hergestellt, aber troz ihrer Stempel im Verkehre gewogen und im Kleinverkehre, wenn nöthig, auch getheilt.

Diese römischen Kupferbarren erlangten bald weite Verbreitung, sie kamen bis nach Sicilien und circulirten zahlreich im dortigen Verkehre, wofür der Beweis darin liegt, dass die italienischen Gewichtsbezeichnungen *libra, triens, quadrans, sextans, uncia*, welche in Rom beim Gebrauch des Kupfers nach dem Gewicht an Geldes statt dienten, schon im dritten

Jahrhunderte der Stadt in Sicilien in den griechischen Formen λίτρα, τριᾶς, ἑξᾶς, οὐγκία in die Volkssprache waren aufgenommen worden.

Da Etrurien vermöge seiner Fruchtbarkeit und seiner günstigen Lage, die in Industrie und Handel am frühesten fortgeschrittene Landschaft Italiens war, so wurden auch dort die ersten Münzen geprägt, während Latium in der Königszeit und bis zu den Zwölftafelgesetzen sich mit Kupfer nach dem Gewichte behalf und selbst fremde Münzen nicht einführte; während der ersten drei Jahrhunderte der Stadt wurden nur in einigen griechischen Colonien, in Populonia und einigen anderen benachbarten etruskischen Städten einige Münzen geschlagen; die Latiner und vermuthlich auch die Sabeller betrieben ihren Verkehr hauptsächlich vermittelst des Kupfers, das als allgemein geltende Waare nach dem Gewichte genommen wurde. Daher wählten die Mittelitaliker, als sie im vierten Jahrhundert der Stadt vom Barrenzum Münzensysteme übergingen und nach griechischem Vorbild Münzen einführten, obwohl sie sich sonst griechischem Muster anschlossen, statt des Silbers Kupfer zu ihrem Münzmetall und als Münzeinheit die bisherige Wertheinheit, das Kupferpfund: sie gossen ihre Münzen statt sie zu prägen, denn kein Stempel hätte für so grosse und schwere Stücke ausgereicht. Diese Neuerung in Italien ging höchst wahrscheinlich von Rom aus und zwar eben von jenen Decemviren, die in der solonischen Verfassung auch ein Vorbild zur Regelung des Münzwesens fanden, da ja in den zwölf Tafeln zum ersten Male bestimmte Geldsätze auftreten, so für das *sacramentum*, für die Bussen bei Körperverletzungen, und die Einführung des gemünzten Geldes einen integrirenden Theil der Decemviralgesetzgebung bildete; und von da aus verbreitete sich diese Art des Geldes über eine Anzahl latinischer, etruskischer, umbrischer und ostitalischer Städte, ein Beweis, welche überlegene Stellung Rom schon seit dem Anfang des vierten Jahrhunderts der Stadt in Italien behauptete.

Es ist bemerkenswerth, wie im römischen Reiche die Entwicklung des Münzwesens mit der Entwicklung der politischen Macht und mit der Ausbreitung der Herrschaft der Stadt Hand in Hand ging. Während der Königszeit herrschte das Viehgeld, bis zur Decemviralzeit die Circulation von Kupferbarren, mit der politischen Constituirung der Republik durch die Zwölftafelgesetzgebung und mit der Sicherung der Herrschaft über Latium treten Kupfermünzen auf, nach der Eroberung Italiens erscheint das Silber, nach der Unterwerfung des Erdkreises das Gold als Hauptumlaufsmittel — ein Vorgang, der gewiss auch seine tiefe politische und wirthschaftliche Begründung hat.

V.

Prähistorisches. Etruskischer Handel nach dem Norden. Kelten in Gallien und Britannien.

Von der Hochcultur der griechisch-römischen Welt scheidend, gehen wir zu jenen Völkern über, welche die weiten Gebiete vom Nordfusse der Alpen bis an die Nord- und Ostsee bewohnten. In vorgeschichtlicher Zeit sassen in Mitteleuropa in vereinzelten Ansiedlungen jene Stämme, welche man von ihren Wohnplätzen Höhlenbewohner und Pfahlbauern nennt und deren Abstammung noch nicht feststeht.

So gering auch der Culturstand der Höhlenmenschen und der Pfahlbautenbewohner war, so kam doch auch bei ihnen schon Tauschhandel vor. Es ist eine sichere Thatsache, dass in der sogenannten Steinzeit Waffen, Schmuck und Werkzeuge, mindestens das Material dazu, zwischen weit von einander entfernt liegenden Landschaften Gegenstand des Tauschverkehres bildeten und von Gau zu Gau gelangend, allmählich auf weite Entfernungen hin verführt wurden. So erhielten die Bewohner des Hennegau den Flintstein für ihre Werkzeuge und Waffen aus der Champagne. In den Höhlen der Dordogne, welche neben Resten des Höhlentigers, des Auerochsen, eines riesenhaften Bären, des Ziesels und des Steinbocks auch Menschenschädel und Menschenskelette enthielten, fand man, ausser künstlich bearbeiteten Rengeweihen und Steingeräthen auch Halsbänder aus durchbohrten Thierzähnen und Muscheln, in der Höhle von Cro-Magnon an der Vezère wurden 2—300 Muscheln der *Litorina litorea, Turritella communis* und *Purpurea lapillis* entdeckt; diese Muscheln stammen von dem weit entfernten atlantischen Strande, können also nur durch Tausch in den Besitz jener Höhlenbewohner gelangt sein, ebenso wie vorgefundene Bergkrystalle, die im grossen Umkreise um die Fundstätten nicht vorkommen. In der Höhle von Bize bei Narbonne wurden zu Hals- und Armbändern gereihte Muscheln vom Mittelmeer gefunden. Unter andern Funden aus der Renthierzeit in Höhlen Frankreichs stiess man auf Hörner der Saiga-Antilope, welche aus den Gegenden an der Weichsel stammen. Die circa 600 Lanzen- und Pfeilspitzen aus Feuerstein und die Nephritgegenstände des Fundes bei Schussenried in Würtemberg sind gleichfalls fremden Herkommens, da Feuerstein in der dortigen Gegend nicht vorkommt und der Nephrit nur aus grosser Entfernung dorthin gekommen sein kann. Im Lande Oesterreich ob der Enns fand man Aexte von Syenit, den man dort nirgends findet. An der baltischen Küste und im anstossenden Binnenlande wurden Urnen der allerprimitivsten Art ausgegraben, welche Kaurimuscheln *(Cypraea montana)* enthielten, die Jedermann als importirte gelten lassen muss, wenn auch zur Zeit noch Niemand sagen kann, von wo zunächst und wie sie importirt wurden. In allen diesen Fällen also Handel — der wohl kein anderer als Tauschhandel gewesen sein kann — in sehr früher Zeit.

Nachdem keltische und ihnen folgend germanische Stämme in Mittel-Europa, von den Alpen bis an die Nordsee und bis an den atlantischen Ocean, ja hinüber bis auf die britischen Inseln, sich niedergelassen hatten, entspann sich ein lebhaftar Verkehr zwischen ihnen und etruskischen Händlern, welche aus Italien, die Alpen überschreitend, kamen. Die zahlreich in Gräbern der Alpenländer und nördlich derselben zu Tage gekommenen Alterthümer etruskischen Ursprungs beweisen einen lebhaften Verkehr zwischen Italien und den Ländern nördlich der Alpen bis zu den Bewohnern der Nord- und Ostseeküsten. Die Industrieerzeugnisse, welche von Etrurien aus nach den Ländern im Norden gelangten und hier in Gräbern fast durchgängig in diesem Jahrhundert als ebenso viele stumme Zeugen alten Völkerverkehrs zu Tage kamen, sind vornemlich Hausgeräthe, Schmucksachen und Waffen. Dieser Handel führte, wie es in der Natur eines Tauschhandels zwischen industriereichen und noch unentwickelten Ländern liegt, nicht in kurzen Zwischenräumen grosse Massen, sondern in lange fortgesetztem Verkehr stetig kleinere Quantitäten nordwärts; dass unter diesen Gegenständen Hausgeräthe und Schmuck vorwaltend vertreten und diese Objecte wirthschaftlichen Gebrauches und friedlichen Schmuckes in gewisser Gleichmässigkeit verbreitet sind, ist auch ein Beweis für das lange Bestehen alter Handelsbeziehungen der transalpinischen Völkerschaften mit den bis über die Alpen vordringenden etruskischen Händlern; denn einzelne Kriegszüge so wenig wie vorübergehende Handelsbeziehungen hätten gerade solche Gegenstände und in solcher Weise verbreiten können, dies konnte nur eine lange Zeit bestehender lebhafter Handel, der es dem Einzelnen möglich machte zu erwerben, was ihn reizte, was er brauchte oder zu brauchen lernte.

Das Gebiet, über welches diese etruskischen Gegenstände verbreitet sind, umfasst die österreichischen Alpenländer, die Schweiz, geht den Rhein abwärts, wo sie besonders zwischen Rhein und Mosel sehr stark auftreten, reicht einerseits über Frankreich, anderseits über Deutschland bis an die Ostsee, greift nach England und Irland, Dänemark und Schweden hinüber und breitet sich ostwärts über Ungarn und die Walachei aus.

Die Uebergänge und Wege, welche für diesen Handel benützt wurden, sind vornehmlich: die Uferstrasse nach Gallien, die Wege über den kleinen St. Bernhard, über den grossen St. Bernhard, über das Stilfser Joch, über den Brenner, die Strasse von Aquileja über Aemona, Celeja, Poetovio nach Carnuntum.

Der Handel geschah durch Tausch, die Etrusker brachten ihre Industrieartikel und die Bewohner der Alpenthäler und die nordwärts wohnenden Stämme gaben ihnen dafür ihre Naturproducte: Harz, Pech, Wachs, Honig, Käse, Früchte, Wild, Hausthiere, Rinder und Pferde, Häute, Felle, Wolle, Sklaven, Blei, Gold, Eisen, Stahl, Bergkrystalle, Zinn, welches aus Britannien kam und den Römern und Griechen zur Herstellung der Bronze unentbehrlich war, und Bernstein von den Gestaden des deutschen und des baltischen Meeres. Dieser bildete den vornehmlichsten Handelsartikel zwischen dem Süden und dem Norden, zwischen Italien und den Küstenstrichen an der Nord- und Ostsee; die zwei Hauptwege des Bernsteinhandels waren von der Nordsee den Rhein aufwärts, den Bieler- und Neuenburgersee entlang bis zum Genfersee und die Rhone abwärts bis Massilia, und von der Ostsee an die Donau bei Carnuntum und von da an die Nordküste des adriatischen Meeres.

Sehr allmählich und besonders in seinen ersten Anfängen ungemein langsam vorschreitend, mag sich dieser Handel von Mark zu Mark, von Gau zu Gau bewegt haben; erst mussten bei den Eingebornen die schlummernden Bedürfnisse geweckt, die Kauflust durch eigenes Anschauen der etruskischen Industrieartikel, ihrer Zweckmässigkeit und Verwendbarkeit erregt werden, und nur schrittweise konnten die Händler von Thal zu Thal, von Stamm zu Stamm vordringen; nur langsam erweiterte sich das Absatzgebiet der etruskischen Waren; die etruskischen Händler selbst scheinen nicht weiter als bis zur Linie von dem Nordende des Jura, Rhein, Bodensee, Lech, bis zur Donau gekommen zu sein; aller Handel nordwärts dieser Linie wurde von eingebornen Händlern betrieben. Jahrhunderte lang währte dieser etruskische Verkehr mit dem Norden; vor dem grossen Einfalle der Kelten in Italien (390 v. Chr.) wurde er dadurch erleichtert, dass die Etrusker der Halbinsel unmittelbar an ihre in der Poebene, im Etschthale, am Tessin, im Veltlin und im Engadin wohnenden Stammesgenossen stiessen; dennoch scheint damals der Verkehr weiter nordwärts ein sehr geringer gewesen zu sein; erst als die Seemacht der Etrusker durch die von Osten immer weiter vordringenden hellenischen Colonisationen im Mittelmeere völlig gebrochen, demzufolge ihr Seehandel erst eingeschränkt, später ganz vernichtet wurde, suchten sie bei fortdauernd blühender Fabrication in ihrem Lande neue Absatzgebiete und begannen mit ihren Industrieartikeln einen (etwa seit 350 v. Chr. an) lebhaften Handel nach dem Norden. Neuerdings unterbrochen wurde derselbe durch den zweiten punischen Krieg, erhob sich nach diesem zwar wieder, jedoch in sehr geschmälerter Weise, bis der Einfall der Kimbern und Teutonen die Alpenstrassen für italische Händler überhaupt auf längere Zeit schloss. Seitdem kam der etruskische Handel nicht wieder in

Gang, und nach der Unterwerfung Helvetiens, Rätiens und Noricums treten römische Händler an die Stelle der etruskischen. Jene führten insbesondere noch den Bernsteinhandel fort, der bis in das erste Jahrhundert nach Chr. fortdauerte; da hörte er allmählich auf; die Völkerverschiebungen, die damals zwischen Donau und Ostsee vor sich gingen, rissen ihn ab, und in Italien kam der Bernstein aus der Mode; denn da schon zu Plinius Zeit die Bauernfrauen Oberitaliens grosse Schnüre von Bernsteinkugeln trugen, so hörte er gewiss auf, weiter Gegenstand des Luxus zu sein und dass Italien und dessen Nachbarländer damals mit Bernstein übersättigt waren, beweisen die Gräberfunde in Oberitalien und in Hallstatt, wo man ausserordentliche Mengen desselben fand.

Wenn dieser Handel der Etrusker mit den transalpinischen Barbaren auch anfänglich ausschliesslich, später vorwaltend durch Tausch betrieben wurde, so tritt nach 150 v. Chr. neben demselben auch der Handel mit Geldzahlung auf, wie Münzfunde, welche in den Niederungen der Oder und der Weichsel gemacht wurden, beweisen.

Neben dem Handel mit diesen italischen Industrieartikeln, welche von den Alpen bis an die Nord- und Ostsee von Volk zu Volk gingen, mussten die Bewohner dieser Länder auch einen Handel mit Salz treiben, da dieser unumgänglich nothwendige Genussartikel nur in einigen Gegenden gefunden wird, den andern also zugeführt werden musste.

Ihre höchste Cultur erreichten die Kelten in Gallien und Britannien; sie gingen bald zum Ring- und Barrengelde über; Julius Cäsar*) bezeugt, dass sie Eisen und Kupfer in Stücken und Ringen als Geld benützten. Solche Ringe, die als Schmuck

---

*) Bell. gall. V, 12.

und Geld dienten, wurden zahlreich in Keltengräbern in Deutschland, Frankreich, Grossbritannien und Irland gefunden.

VI.

Germanen.

Der Culturzustand der Germanen war zu der Zeit, als sie auf dem geschichtlichen Schauplatze auftraten, als sie mit Griechen und Römern zum ersten Male in Berührung kamen, als jene die Bastarnen, diese die Teutonen kennen lernten und die ersten uns erhaltenen Nachrichten über unsere Vorfahren niederschrieben, ein in politischer und wirthschaftlicher Hinsicht relativ hoher. Sie hatten staatliche Einrichtungen, trieben Viehzucht und Ackerbau — Kaiser Commodus legte den Markomannen einen Tribut in Getreide auf — und an Handel und Verkehr fehlte es nicht. Allerdings war ihre Wirthschaft noch Naturalwirthschaft, die Consumenten in dem einzelnen Haushalt waren auf sich selbst als Producenten angewiesen und der Handel, den sie untereinander und mit fremden Händlern, Phöniziern, Etruskern, Griechen aus Massalia, Kelten, Römern, die zu ihnen kamen, und mit den Nordgermanen Skandinaviens trieben, war der Natur der Sache nach reiner Passivhandel, denn die Germanen warteten, bis die fremden Kaufleute im Lande erschienen und ihnen die wenigen Ausfuhrgegenstände, vor Allem Bernstein, gegen Wein, Waffen, Schmuck aus Gold und Silber, Geräthe aus Bronze oder Thon abtauschten; es war einfacher Tausch, in welchem man Gut gegen Gut, Ware gegen Ware umtauschte, denn in diesen frühesten Zeiten waren die Germanen weder im Besitze edler Metalle, noch eigenen gemünzten Geldes, und trotz ihres langen und lebhaften Verkehres mit den Römern in Krieg und Frieden scheint ihnen, namentlich den Stämmen im Innern des Landes, der Werth des geprägten Metalles als Tauschmittel erst spät und langsam bekannt geworden zu sein. Wenn ihnen etwas edles Metall von den Römern zukam, so verwendeten sie es zu Schmuck und Zierrat, nicht als Tauschwerkzeug. Die runden Goldbleche mit eingeprägten Bildern und Runen, welche man bis zur Grösse eines halben Fusses öfters in nordischen Gräbern findet und welche manchmal auch fremden Münzen nachgeahmt erscheinen, waren Brustzierden und Amulette, nicht Münzen, und in den Gräbern des fünften und sechsten Jahrhunderts, welche in den Rhein- und Donaugegenden und in einigen Theilen Norddeutschlands aufgedeckt wurden, fand man nur in sehr vereinzelten Fällen wenige und kleine Münzen, und diese alle waren römischen Gepräges.

Wenn in jenen Zeiten bei den Germanen Münzen vorkamen, so waren es gallische oder römische. Im Verkehre untereinander behalfen sie sich durch Tausch; oder sie benützten als Tauschmittel dasjenige, was ihnen als ihr grösster Reichthum, ihre liebste Habe galt -- ihr Vieh, ihre Hausthiere, namentlich Rinder und Pferde, doch auch Kleinvieh, Schafe und Schweine, und Waffen; diese Gegenstände vertraten bei den Germanen lange die Stelle des Geldes, waren bei ihnen Geldsurrogate.

Pferd und Rind waren der Massstab zur Festsetzung der Werthbestimmungen, gaben in den meisten Fällen die Preisfixirung für alle übrigen Güter, sowie für die gerichtlichen Bussen und Zinse, welche erst in späterer Zeit in Geld erlegt wurden; ein grosser Viehstand war dem Germanen gleichbedeutend mit grossem Reichthum; in Pferden, Rindern und Waffen zahlte der Germane den Kaufpreis für sein Weib und sie waren das Mittel, sich von fremden Völkern jene Producte zu erkaufen, welche Germanien selbst nicht erzeugte.

Die Beweise hiefür liegen vornehmlich in der Sprache, in einigen diesbezüglichen Andeutungen römischer Schriftsteller und in den Bestimmungen der ältesten Gesetze. „Geld" bedeutet bei den Germanen ursprünglich Alles, womit man bezahlt, mochten es Naturproducte oder Münzen sein, und sowie lateinisch *pecunia* von *pecus* stammt, so bedeutet in den deutschen Sprachen, gothisch *faihu* Vieh und Geld, altnordisch *naut* Rind und Geld, altfriesisch *sket* Vieh, wozu des gothische *skatts*, althochdeutsch *scaʒ*, Schatz, Geld gehört.

Tacitus berichtet, dass bei den Germanen ein Todschlag mit einer bestimmten Anzahl von Zugthieren oder kleinerem Vieh gebüsst werde und dass, wer leichterer Vergehen überführt wird, um eine Anzahl Pferde oder Rindvieh gestraft werde*). Die *lex Saxonum* setzt den Werth der verschiedenen *solidi* und andere Geldwerthe in Rindern und Schafen fest**) und bezeichnet als Aequivalent des kleineren altsächsischen *solidus* (zu acht Denaren oder zwei Tremissen) ein einjähriges Rind, als Aequivalent des grösseren, allgemein fränkischen *solidus* (zu drei Tremissen) ein Rind von 16 Monaten***). Im *capitulare saxonicum*†) wird ebenfalls der Werth des *solidus* in Naturalien, Vieh, Getreide aller Art und Honig abgeschätzt, dabei ein einjähriges Rind als Aequivalent des *solidus* bezeichnet. Nach derselben *lex* werden als Wergeld eines Liten 48 ausgewachsene Pflugthiere oder 900 heutige preussische Scheffel Roggen, als dasjenige eines Edlen 576 Pflugstiere oder 10.800 Scheffel Roggen festgesetzt. Die *lex Ripuariorum*††) bestimmt die Höhe des Wergeldes als Busse für Verbrechen und Vergehen gleichzeitig in Vieh und in Geld und gestattet die Entrichtung desselben in Vieh und Waffen selbst noch zu einer Zeit, als geprägtes

---

*) Germania cap. 21 und 12. **) cap. 19. ***) cap. 66. †) cap. 11. ††) cap. 36, 12

Geld schon in ziemlich grosser Menge in Umlauf war, ein Beweis, dass neben dem geprägten Gelde, das schon eingeführt war, sich noch der alte Werthmesser, das Vieh, erhielt, desshalb verzeichnet sie auch die entsprechenden Geldwerthe beider; so stellt sie einen Ochsen (*bovem cornutum videntem et sanum*) zwei *solidis*, eine Kuh (*vaccam cornutam videntem et sanam*) einem *solidus*, einen Hengst (*equum videntem et sanum*) sechs *solidis*, eine Stute (*equam videntem et sanam*) drei *solidis*, eine gute Brünne (*bruniam bonam*) zwölf *solidis*, einen Helm (*helmum cum directo*) sechs *solidis*, Beinschienen (*bainbergas bonas*) sechs *solidis*, Schild und Lanze (*scutum cum lancea*) zwei *solidis* gleich u. s. w. — Auch in anderen Volksrechten finden sich analoge Viehwerthe, so in der *lex Alamannorum*, wo ein starker Ochs fünf, ein mittlerer (*medianus*) Ochs vier Tremissen*), ein Schwein einer Tremisse gleich geschätzt wird**).

Urkunden des 7. und 8. Jahrhunderts nennen Pferde als Kauf- und Tauschpreis. Im 9. Jahrhundert wird eine Sklavin gegen Pferd, Schild und Lanze verkauft. Noch im 10. Jahrhundert legte Otto I. Bussen in Vieh — Pferden — auf; einzelne in Vieh zu entrichtende Strafen und Bussen, namentlich für Jagdfrevel, haben sich bis in späte Zeiten erhalten. Besiegten Völkern wurde als Tribut statt Geldes, das sie nicht oder von dem sie zu wenig besassen, eine Heerde Rosse oder Rinder als Zahlung auferlegt; nachdem die Czechen in Böhmen und Mähren 803 Karl dem Grossen auf dem Reichstage zu Regensburg gehuldigt, sich aber 805—806 neuerdings erhoben hatten und wieder unterworfen worden waren, mussten sie fortan den karolingischen Königen einen Jahrestribut von 120 Rindern und 500 Mark Silbers entrichten.

---

*) tit. 80. **) tit. 22.

Als ständiger Zins für einzelne Colonen erscheinen statt baren Geldes Pferde, Ochsen, Kühe, Schafe, Schweine und Frischlinge, Hähne, Hühner und Gänse, Eier und Fische; ungeniessbare Hausthiere oder Jagdthiere, z. B. Hunde und Falken, aber kommen bei den Germanen als Geldsurrogate nicht vor.

Ungarns erster König nahm sich das deutsche Reich und deutsches Recht zum Muster, als er unter seinen Magyaren staatliche Ordnung zu begründen begann, daher mag es kommen, dass auch in den Gesetzen Stephan's I. Viehbussen erscheinen.

Sowie die fortschreitende Civilisation bei unseren Vorvätern sich Eingang errungen hatte, sowie sie Lust und Freude an glänzendem Schmucke zu finden begannen, sowie sie anfingen, den Werth der edlen Metalle zu erkennen, wurden eherne und goldene Ringe, welche die Germanen als beliebten Schmuck um Hals und Arme trugen, als Zahlungsmittel gebraucht; Ringe wurden wie Geld als Geschenke gegeben, Bussen wurden damit bezahlt (altnordisch *baugr* = Busse, althochdeutsch *bouc* = Ring). Käufe abgeschlossen und ein Vorrath von Ringen auf Schnüre gezogen als Reichthum aufgehäuft; ja man zerschlug die Ringe in Theile und benützte diese, sowie heute die Scheidemünze, um Waren geringeren Werthes damit anschaffen zu können. Aehnlich wie die Armringe gebrauchte man auch Spangen, dann Stücke edlen Metalles in jeder Form, zusammengeschlagenes und verbogenes Gold- und Silbergeschirr ohne Rücksicht auf die Form nur nach dem Gewichte als Tauschmittel. Ebenso wurde das gemünzte Gold lange nur nach dem Gewichte genommen, daher sich durch das ganze Mittelalter hindurch und noch weiter bis herab in die Gegenwart die Ausdrücke Pfund, Unze, Loth im Münzwesen erhalten haben.

So folgte auch bei den Germanen auf die Viehgeldperiode die Circulation von Barren- und Ringgeld. Die Verwendung von

Gold- und Silberbarren erhielt sich durch das ganze Mittelalter; die Kaufleute brachten auf die Märkte Barren von Edelmetall mit, welche sie gegen landesübliche Münzen umtauschten, um nach Beendigung des Marktes die Ortsmünzen wieder gegen ungeprägtes Silber und Gold einzuwechseln, um so den Unannehmlichkeiten zu begegnen, welche aus der grossen Verschiedenheit der Münzen entstanden.

Zu Münzen kamen die Germanen erst durch den Grenzverkehr mit den Römern, mit den romanisirten Galliern und mit den Byzantinern; es waren also römische, gallische und byzantinische Münzen, welche ihnen zuerst in die Hände gelangten, und da nahmen sie anfänglich lieber Silber als Gold an, welches erst später bei ihnen Anerkennung und Eingang gewann. Eigene Münzen zu prägen begannen die Deutschen erst in der Zeit der fränkischen Herrschaft, veranlasst durch ihre Vereinigung mit den romanisirten Galliern unter den Merowingern; doch war schon unter den Karolingern das gesammte Münzwesen ziemlich ausgebildet und durch Edicte geregelt.

Als Deutsche und Romanen schon längst untereinander vom Tauschhandel zum Kaufhandel übergegangen waren, erhielt sich jener noch im Verkehre zwischen den Deutschen einerseits und den nordischen Germanen, den Slaven und Esthen anderseits; die Gründe hiefür lagen in dem Bestreben, welches bei jedem im Uebergange von der Natural- zur Geldwirthschaft begriffenen Volke, so auch bei den Germanen thätig wirkte, dadurch den Gold- und Silberabfluss aus dem Lande zu verhindern, und in der durch den Tauschhandel für das höher stehende Volk gegebenen Lage, sich grössere Vortheile zu verschaffen.

Deshalb behielt auch die Hansa in ihrem Verkehre mit Russland lange den Tauschhandel bei; zu Nowgorod, Riga, Smolensk und an anderen Orten verbot sie den Geldhandel und gebot, den Handel von Ware gegen Ware aufrecht zu erhalten. Höchst eigenthümlich ist der Tauschhandel, welchen die hansischen Kaufleute mit den Einwohnern Livlands trieben. Als die norddeutschen Kaufleute zuerst an die Küsten Livlands gelangten, legten sie die mitgebrachten Waren haufenweise auf dem Strande nieder und zogen sich dann zurück; die scheuen Eingebornen kamen hervor, legten jenen Haufen gegenüber, was sie dafür geben zu dürfen glaubten und verschwanden schnell; nun kamen die Kaufleute wieder, nahmen vom Gebotenen so viel als ihrer Schätzung entsprach oder gaben durch abermaliges Zurückziehen den Eingebornen Gelegenheit, ihr Angebot zu vergrössern. Einen ähnlichen stummen Handel fanden wir schon zwischen Karthagern und Lybiern an der Westküste Afrika's, und einen solchen trieben die Serer Ostasiens, und er kam noch im vorigen Jahrhunderte bei den Negern am oberen Niger, in Ostafrika, in Sibirien, bei den Aïnos auf den Kurilen, bei den braunen Leuten auf Sumatra und bei den Lappen vor.

Auch bei den deutschen Zollstätten im Mittelalter wurden die Zölle nicht immer und überall in barem Gelde entrichtet, man forderte gewisse Waren, mochte nun die Ladung des zu verzollenden Schiffes oder Wagens daraus bestehen oder nicht, gewöhnlich Wein, eherne Kessel, Käse, Häringe*) und besonders Pfeffer; daraus entsprang für die Kaufleute die Unannehmlichkeit, diese Artikel immer mit sich zu führen, um die Zölle bezahlen zu können.

---

*) Daher lässt Gustav Freytag im „Nest der Zaunkönige" S. 286 die Mönche von S. Wigbert als Zoll von den Schiffen auf dem Hörselflusse Wollstoffe und Häringe erheben: „Denn der Zehnte, welchen die Mönche von allem Schiffsgut erhoben, war eine werthvolle Einnahme des Klosters, er lieferte die Wolldecken ihrer Lager, Stoff zu ihren Kutten und vor allem die geehrte Fastenspeise, den gesalzenen Seefisch, welcher ihnen das ganze Jahr Freude an ihrem Trunke gab."

Als Geldsurrogate sind auch jene Naturalleistungen zu betrachten, welche im Mittelalter herrschend waren und in manchen Staaten bis in die Gegenwart statt des baren Geldes entrichtet wurden; sowie das Vorkommen der Geldsurrogate überhaupt, so beweisen auch diese Naturalleistungen, dass sich die bürgerliche Gesellschaft dort, wo sie stattfinden, noch auf dem Standpunkte der Naturalwirthschaft befindet; in dieser wurden alle öffentlichen Lasten nicht in Geld, sondern in natura bezahlt, alle öffentlichen Dienste in gleicher Weise vergütet, die Staats- und Kirchenämter wurden mit Naturalabgaben und Erträgnissen dotirt; dies war in allen Staaten des Mittelalters der Fall; die grosse diesbezügliche Aenderung, der tiefgreifende Uebergang von der Naturalwirthschaft zur Geldwirthschaft vollzog sich in den Culturstaaten Europa's im grossen und ganzen im 15. und 16. Jahrhundert; die Ursachen dieser Erscheinung liegen in der durch die Entdeckung Amerika's erfolgten grossartigen Vermehrung der Menge des umlaufenden Silbers und Goldes, in dem Aufschwung des Handels mit Ostindien, in dem Emporkommen des Bürgerthums, wodurch Industrie und Handel sich hoben und der reine Ackerbaustaat allmälig in den Industrie- und Handelsstaat überzugehen begann und neben Grund und Boden, dem unbeweglichen Vermögen, das im Mittelalter allein allen Reichthum ausmachte, nun auch das bewegliche Vermögen, das Geld, zur Bedeutung kam — kurz, in dieser Zeit begann der Uebergang der Naturalwirthschaft in die Geldwirthschaft, des mittelalterlichen Naturalstaates in den modernen Geldstaat.

So im grossen und ganzen. Hie und da und in einzelnen Fällen mag sich dieser Umschwung, durch günstige Umstände gefördert, wohl auch schon früher vollzogen haben. In Tirol z. B. wurden im 13. Jahrhunderte die meisten handwerksmässigen Dienstleistungen durch sogenannte Mutschlehen bezahlt, woher die Benennung Schmied-, Räder-, Wasch-, Zimmerlehen stammt; hingegen bildete dort schon im 14. Jahrhunderte die bare Zahlung durchaus die Regel und gegen das Ende desselben hatten selbst Ablösungen von Naturalzinsen schon in ziemlich bedeutender Ausdehnung statt. Tirol ging in dieser Beziehung deshalb so rasch voran, weil es von der grossen Handelsstrasse von Augsburg nach Venedig durchzogen war, und die Italiener, in den letzten Jahrhunderten des Mittelalters das wirthschaftlich am weitesten vorgeschrittene Volk, auf ihr Nachbarland solchen Einfluss übten. Zu Sterzing, zu Meran, zu Bozen gab es schon zu Anfang des 14. Jahrhunderts Wechselbanken, ohne Zweifel nach italienischem Muster entstanden; für Tirol ist somit die Zeit von 1300 bis 1350 die Periode des Uebergangs von der Naturalwirthschaft zur Geldwirthschaft. Doch solche Ausnahmen stürzen nicht, sondern beweisen die Regel. Und so sehen wir bei den Germanen den Tauschhandel nicht nur bei ihrem ersten Auftreten als den allein herrschenden gelten, sondern ihn unter gegebenen Verhältnissen lange Zeit — 1500 Jahre hindurch festgehalten und die Geldsurrogate nicht nur durch allseitigen Gebrauch, sondern auch durch die Gesetze selbst sanctionirt.

VII.

Skandinavien.

Ganz ähnliche Verhältnisse in Bezug auf Tauschhandel und Geldsurrogate wie bei den Deutschen südlich von Ost- und Nordsee herrschten bei ihren Stammverwandten, den Nordgermanen in Dänemark, Skandinavien und Island. Auch hier war in den ältesten Zeiten aller Handel Tauschverkehr und da das Vieh ihren grössten Besitz ausmachte, so galt es auch für Geld. Der Werth einer Kuh war Rechnungseinheit. Im alten Schweden wurde alles Vermögen nach *fä*. d. i. Vieh, gerechnet und der Isländer beurtheilte seinen ganzen Besitz nach dem Werthe einer Kuh. Eine andere durch den ganzen Norden verbreitete Werthbestimmung ist die nach Ellen Zeugs; sie ist in den ältesten Zuständen begründet und stellt den Gewandstoff neben das Vieh. Für ein Grosshundert Ellen von dem gewöhnlichen nordischen Tuch, Vadhmal, ward ein bestimmter Werth angesetzt, was vorzüglich den Aermeren zu Gute kam, die kein Silber erwerben konnten, aber ihr Vadhmal selbst webten. Ausserdem hatte dieses Zahlmittel den Vortheil leichter Theilung. Es wurden 120 Ellen Vadhmal einer Milchkuh oder sechs Milchschafen oder $2\frac{1}{2}$ Unzen Silbers, 2400 Ellen Vadhmal oder 400 Sechselleneyrir einem Hundert Silbers gleichgesetzt; das Silbereyr kam also auf eine halbe Mark Vadhmal oder vier Sechselleneyrir. — Neben diesem Wollentuch wurden noch andere Zeuge zur Zahlung benutzt, z. B. ein gestreiftes Zeug, das *mórend* hiess, von dem fünf Ellen auf den *Oere* gingen, während vom Vadhmal sechs darauf gingen. In Schweden wurde die Unze zu zwölf Ellen Vadhmal berechnet. Daneben kommt im westmannländischen und helsingischen Recht die Rechnung nach Ellen Leinwand (*lerept*) vor, die in bedeutend höherem Preise als das Wollenzeug stand, denn 24 Ellen gingen auf die ganze Mark, die Elle wurde also einem *Oertug* gleichgestellt. In Norwegen und Island wurde auch feines Scharlachtuch in grössere und kleinere Streifen geschnitten und feines Pelzwerk als Tauschmittel verwendet. Diese altnordische Rechnung nach Vadhmal und Kühen war weit älter, als die Markrechnung. — Neben Vieh und Zeug wurden zunächst Stücke edlen Metalls gebraucht. Sehr früh wurden Ringe als Schmuck am Ober- und Unterarm getragen; ein solcher Ring machte eine Summe aus, die sich zwar nach dem Gewichte des Stückes richtete, die aber doch als runde Einheit erschien.

Zahlungen aller Art und Bussen wurden in Ringen geleistet. *Baug* (Ring) bedeutet zugleich Busse. Für grösseren Verkehr und ansehnliche Gaben diente ein ganzer Ring, für den kleineren Gebrauch musste der Ring zertheilt werden, man zerbrach oder zerhieb ihn; je nach der Masse, ob Gold oder Silber, und je nach der Stärke, da es gediegene Reife und dünne Spiralen gab, hatte man sehr verschiedene kleinere Werthstücke. Ausser in Ringen bewahrte man Gold und Silber auch in Barren auf und zertheilte diese ebenfalls nach Bedürfnis; manche Barren wurden ausgehämmert und zerbrochen. Zuletzt zerbrach man auch Spangen und andere Schmucksachen, wenn das ganze Stück für den augenblicklichen Bedarf zu werthvoll war. Sehr bezeichnend ist, dass man auch Münzen theilte; man sieht hieraus aufs deutlichste, dass die Geldstücke von Rom, Constantinopel, Kufa, von England und Deutschland, welche vor dem eilften Jahrhundert nach Skandinavien gelangten, nicht als Münzen, sondern nur als Stücke edlen Metalls betrachtet und einzig nach dem Gewichte beurtheilt wurden. Zuerst wog man das edle Metall, auch das gemünzte — Periode der Barren- und Ringcirculation — daher die Namen der Gewichte Pfund oder Mark, Unze oder Oer, Loth oder Oertug Werthbezeichnungen wurden, erst später nahm man die Münzen als solche. In Skandinavien wurden die ersten Münzen um 1000 n. Chr. geprägt.

Lange nachdem schon Münzen in Umlauf und Gebrauch waren, wurden noch neben denselben die Geldsurrogate einer früheren Stufe wirthschaftlicher Entwicklung gebraucht; in Dänemark gab es zur Zeit der Adelsherrschaft alte durch langes Herkommen autorisirte Taxen, worin alle wichtigeren Güter nach ihrem Werthverhältnisse zu einer Tonne Roggen oder Gerste bestimmt waren. Das isländische Gesetzbuch Graugans enthält im Anfange des *Kaupa - Balkr* (Handelsrechtes) eine sehr merkwürdige Taxordnung, in welcher Thiere und andere Waren im Preise nach Kuhwerthen geschätzt werden. Im 15. Jahrhunderte vertraten in Island Stockfische die Stelle des Geldes; wir besitzen eine Art Preistarif (aus den Jahren 1413—1426) englischer Gewerbserzeugnisse für Island, deren Werth je auf eine gewisse Anzahl von Stockfischen festgesetzt wird. Noch Anfangs des 19. Jahrhunderts wurde auf diesem rauhen Nordeilande nach Wolle, Talg und Butter gerechnet; jeder isländische Bauer kam jährliche mehrere Male mit seiner ganzen Familie und mit acht bis zwanzig Pferden nach Reikjavik und setzte dort seinen ganzen Vorrath von Erzeugnissen nach den polizeilichen Taxen unmittelbar in Gegenstände um, die er zu Hause brauchte, trieb also Handel von Ware gegen Ware ohne Vermittlung durch gemünztes Geld — reinen Tauschverkehr.

Aber selbst in Schweden sank man noch spät, wenn auch nur vorübergehend, in Folge der Armuth des Landes und der politischen Verhältnisse, in welche dieses Reich im 17. und 18. Jahrhunderte durch seine kriegslustigen Könige gestürzt worden war, auf die niedrigere Stufe der Naturalwirthschaft herab, indem man wieder zu Geldsurrogaten griff, denn als solche, nicht als Geldzeichen sind die Kupferplatten zu betrachten, welche im 17. Jahrhunderte und im Anfange des 18. dort in Umlauf waren. Schon unter der Regierung der Königin Christine wurden Kupferplatten im Gewichte von 25 Pfund in Verkehr gesetzt. „Wer viel Geld in Platten hatte, musste sie in Kellern aufbehalten, damit sie das Haus nicht eindrückten", sagt ein Zeitgenosse. — Später wurden sie viel leichter geprägt. Als Schweden durch den Absolutismus Karl's XI. und Karl's XII. und durch des Letzteren ununterbrochene Kriege in die schwersten Finanzcalamitäten geriet, suchte man sich durch Ausgabe von kupfernen Münzzeichen zu helfen. Vier Jahre 1716—19 operirte man mit diesen

Nothmünzen; das Resultat war dasselbe wie zu anderen Zeiten und an anderen Orten bei ähnlichen Experimenten; das gute Geld verschwand aus dem Verkehre, die Münzzeichen litten bald unter hohem Disagio, die Preise aller Waren stiegen enorm und schliesslich wurden die kupfernen Münzzeichen mit 50% Verlust an ihrem Nominalwerthe vom Staate rückgelöst.

Während dieser schweren Finanzkrisis schritt man wieder zur Ausgabe von Kupferplatten, um dem allgemeinen Geldmangel abzuhelfen. Schon 1710 war der Gedanke aufgetaucht, aus allen in den Kriegen erbeuteten Kanonen Platten zu giessen und diese als Zahlungsmittel zu verwenden; dem Geldmangel wurde aber dadurch nicht abgeholfen, da bald auch diese Platten, des guten Kupfers wegen, aus dem sie bestanden, in's Ausland wanderten. Da befahl Karl XII. mittelst Schreibens (Stralsund $^7/_{18}$ März 1715) an den königlichen Rath, durch Veränderung des Münzfusses der Platten ihren Nominalwerth zu erhöhen, um der Ausfuhr derselben zu steuern. Der königliche Rath erhob gegen diesen Befehl einige sehr gegründete Bedenken: „dass die Platten nach Erhöhung des Nominalwerthes im Handel und Verkehr leicht Entwerthung erfahren würden; Kupfer sei eine Ware, wie andere Waren und verändere auch in Form von Platten seine Natur nicht, woher also bei einer Erhöhung des Nominalwerthes grosse Verwirrung zu befürchten sei."

Dennoch wagte man den Versuch; der Nominalwerth der Kupferplatten wurde von sechs auf neun Thaler erhöht, und während man früher aus einem Schiffspfund Platten zum Nominalwerth von 120 Thalern geprägt hatte, so prägte man jetzt aus einem Schiffspfund Platten im Nominalwerth von 180 Thalern. Die Ausfuhr der Kupferplatten hörte nun allerdings auf, aber im Wirthschaftsleben Schwedens riss in Folge dieser Operation arge Verwirrung ein. Hatte Jemand früher 30 Platten ausgeliehen, so erhielt er später nur 20 Platten zurück; Speculanten, welche von der bevorstehenden Werthreduction wussten, kauften mit Münzzeichen möglichst schnell alte Kupferplatten und gewannen dabei 50 Percent, kurz, allenthalben entstanden Schwierigkeiten, riss Verwirrung und Misstrauen ein, weil der Werth des Geldes nicht mehr nach seinem Metallgehalt, sondern nach der Staatslaune bestimmt wurde. Als später der ursprüngliche Nominalwerth der Platten wieder hergestellt und ein neuer Stempel für dieselben vorgeschrieben wurde, so geschah dies nur deshalb, um in die Cassen der Regierung bares Geld zu schaffen und möglichst viele Münzzeichen auszugeben. Die zum Stempeln eingelieferten Platten bezahlte man mit Münzzeichen, brachte so die vollwichtigen Platten aus gutem Kupfer in die Kroncassen und die mittlerweile ausgefertigten neuen Münzzeichen im Nominalwerth von neun Millionen Thalern in's Publikum. So verschwanden wieder die Kupferplatten aus dem Verkehr. —

Unter solchen Verhältnissen ist es begreiflich, dass man damals in Schweden bei dem grossen Geldmangel die Steuern statt in Geld in Naturalien einhob; man nahm Alaun, Vitriol, Schwefel, Pech, Theer, Messing, Kupfer, Eisen, Getreide u. dgl. m. nach willkürlich von der Regierung bestimmten Preisen bei Steuerzahlungen an, war also auch auf die Stufe der Naturalwirthschaft gesunken.

VIII.
England.

Die Angelsachsen hatten Viehgeld und Ledergeld; noch in den Gesetzen Wilhelm's I., also im 11. Jahrhunderte, in den schottischen Gesetzen des 14. Jahrhunderts und in den altirischen Breton-laws kommen Vermögensstrafen in Vieh vor. Welche raschen Fortschritte aber England in volkswirthschaftlicher und namentlich finanzpolitischer Beziehung machte, beweist der Umstand, dass dort schon im Anfange des 13. Jahrhunderts zur Erleichterung des Geldverkehrs Credit- und Wechselbriefe verwendet wurden; König Johann ohne Land gab solche seinen Gesandten, welche nach Rom und in andere Hauptstädte des Festlandes gingen, mit und verpflichtete sich, den vollen Werth der genannten Summen den Leihern wiederzuerstatten, und im 14. Jahrhunderte war das Geldwesen bereits vollkommen geregelt und wurden, um den Verkehr bis in's Kleinste zu befördern, halbe Pfennige und Farthings in Menge geschlagen. — Aber noch im 16. Jahrhunderte erinnerte man sich des alten Ledergeldes. Im Jahre 1523 trat im englischen Parlamente Thomas Cromwell gegen die Forderung der Regierung, 800.000 Pfund Sterling zur Führung des Krieges gegen Frankreich zu bewilligen, auf und sagte in seiner Rede, welche eine für die damalige Zeit höchst merkwürdige nationalökonomische Einsicht bekundet, dass, wenn diese Summe bewilligt würde, bald alles Geld Englands zur Erhaltung des Heeres auf dem Continente abfliessen und man dann genöthigt sein würde, wie ehedem, Leder zu prägen. „Geriete dann der König gar in Gefangenschaft, wie würde man ihn lösen können; verlangen die Franzosen für ihre Weine nur Gold, sie würden es als Hohn betrachten, für unsere Fürsten Leder zu nehmen."

In Schottland war wegen des dort fast allgemeinen Geldmangels der Tauschhandel lange vorherrschend; so schwer war dort Geld zu erhalten, dass noch 1492 Aberdeen, eine Stadt von ansehnlicher Grösse und Bedeutung, als sie der kleinen Summe von vier Pfund Sterling und sechs Schilling Bargeld bedurfte, diese sich ausborgen musste; noch im 18. Jahrhundert war dort die Naturalwirthschaft nicht überwunden, die Pachtschillinge wurden nicht in Geld sondern durchgehends in Naturalien entrichtet.

Da das gemünzte Geld als Tauschmittel höher steht, als jedes dafür eintretende Surrogat, da die Geldwirthschaft eine weit höhere Stufe ökonomischer und Cultur-Entwicklung bezeichnet, als die Naturalwirthschaft, so würde, abgesehen von all' dem anderen daraus entspringenden Ruine, eine Durchführung jener socialistischen und communistischen Phantasiegebilde, welche das Geld verwerfen und ein anderes Tauschmittel an dessen Stelle setzen, welche statt des Kaufhandels allgemein wieder den Tauschhandel substituiren wollen, nichts anderes als einen Rückgang aller materiellen und geistigen Bildung bedeuten. Dieser Kategorie gehört die Idee Fourier's an, aus seinen socialistischen Phalansteren alles Geld zu verbannen und nur den Verkehr durch Tausch zuzulassen, gehört auch jener 1836 in England unternommene Versuch an, an die Stelle des Geldes die Arbeit als Tauschmittel zu setzen. Es bildete sich nämlich dort unter der Protection Robert Owen's, dessen sonstige grosse Verdienste als wahren Vaters seiner Arbeiter zu New-Lanark stets ungeschmälert bleiben sollen, eine Verbindung von Arbeitern, welche Bücher haben und gegen die darin verzeichneten Arbeitsstunden sich gegenseitig ihre Producte abkaufen sollten; man nannte dieses System „*national labour exchange*". Dieser kindliche Versuch endigte, wie zu erwarten, mit baldiger und gänzlicher Auflösung der Gesellschaft. Nichtsdestoweniger tauchte dieser Gedanke später noch einmal in der von Proudhon projectirten *banque d'echange* in Frankreich auf, blieb aber hier nur auf dem Papiere.

IX.

Italien.

Das Ledergeld, wie es schon die Karthager und die Angelsachsen hatten, tritt noch einmal, verhältnismässig spät und in einem Lande hohen Culturstandes, in Italien, auf. König Wilhelm von Neapel zog 1161 alle klingende Münze, die in Umlauf war, in seinem Reiche ein und gab dafür lederne Münze aus. An diesen Vorgang knüpft sich die Sage, dass der König, um sich zu überzeugen, ob alle klingende Münze in seine Schatzkammer eingeflossen sei, durch einen Unbekannten auf dem Markte zu Palermo ein prachtvolles Pferd für ein einziges Goldstück habe ausbieten lassen. Die guten Sicilianer hätten mit ihrem Ledergelde in der Hand betrübt das herrliche Ross betrachtet, bis endlich ein junger Mann es um ein Goldstück an sich brachte, das er aus dem Grabe seines Vaters geholt, dem man es nach altem Brauche — der Obolus für den Charon — in den Mund gelegt hatte. — König Wilhelm gehörte dem normannischen Fürstengeschlechte an, den Normannen war England nicht fremd, oft und lange hatten sie mit den Angelsachsen gekämpft und ihrer Viele hatten auf der britischen Insel gewohnt und geherrscht; vielleicht erinnerte sich König Wilhelm bei seiner Finanzoperation des angelsächsischen Ledergeldes und versuchte, Aehnliches auch in seinem sicilischen Reiche einzuführen.

X.

Slaven.

Länger als bei den Germanen erhielt sich die Naturalwirthschaft, der Tauschhandel, behaupteten sich die Geldsurrogate bei den Slaven und den übrigen Stämmen, welche Ost- und Nordost-Europa bewohnen.

In Böhmen erzeugten bei der ausserordentlichen Fruchtbarkeit des Landes die Czechen in früher Zeit schon so viel an Naturproducten, namentlich Getreide, Pferde und Rindvieh, dass sie davon im Tauschhandel an die Nachbarländer abgeben und dafür vornehmlich Salz, woran die Sudetenländer Mangel haben, und gewerbliche Producte beziehen konnten. Aus dem arabischen Berichte des Israeliten Ibrahim Ibn Jakûb, welcher im 10. Jahrhunderte das deutsche Reich bereiste, ergibt sich, dass die Czechen damals noch Geldsurrogate hatten. „Im böhmischen Lande, so erzählt Ibrahim, verfertigt man dünne, sehr lose, wie Netze gewebte Tüchlein, die man zu nichts brauchen kann, die jedoch bei ihnen den festen Werth von $1/10$ Peñsé haben und im Handel und Verkehr gebraucht werden. Sie gelten bei ihnen als bares Geld und man besitzt davon Kisten voll. Um diese Tüchlein sind die kostbarsten Gegenstände zu kaufen, wie Weizen, Sklaven, Pferde, Gold und Silber."

Auch Mährens slavische Bewohner trieben ursprünglich Tauschhandel, gaben den fremden Kaufleuten, Deutschen und Juden, welche in ihr Land kamen, Naturproducte: Getreide, Wachs, Pferde, Sklaven und nahmen dafür Ohr- und Armringe, Halsschmuck, kostbare Stoffe und andere Erzeugnisse vorgeschrittener Industrie; dann kamen edle Metalle ungeprägt und geprägt, byzantinische und fränkische Münzen in's Land, belebten den Verkehr im Innern und nach Aussen mit den Nachbarn, bis im 10. und 11. Jahrhunderte endlich einheimische Münzen erscheinen.

Ebenso wie die Czechen und ähnlich dem wollenen Vadhmal der Skandinavier benützten slavische Stämme an der Ostsee Leinwand als Geldsurrogat; dies bezeugt insbesondere Helmold[*]) von den Ranen auf Rügen. Diese haben kein Geld, sagt der Chronist, und bedienen sich dessen im Verkehre nicht, sondern was man auf dem Markte kaufen will, erhält man gegen Leinwand; das Gold und das Silber, welches sie etwa durch Raub oder durch Gefangennahme von Menschen oder sonst wie erwerben, verwenden

---

[*]) Chron. Slavorum I. 38.

sie entweder zum Schmucke ihrer Frauen oder legen es im Schatze ihres Gottes nieder.

Auch die alten heidnischen Preussen trieben nur Tauschhandel; sie tauschten gegen die kostbaren Pelze, welche das Wild ihrer Wälder lieferte, Wollenkleider ein, gewiss auch jene eigenthümlichen mit Bronzeringelchen durchwirkten Stoffe, von denen die Todtenurnen bisweilen noch kleine Reste enthalten; auch mit fremden Völkern trieben sie Handel, wie die Münzen, welche jetzt noch oft in dem Boden Ostpreussens gefunden werden, beweisen, aber es scheint, als ob man diese Münzen noch nicht als Zahlungsmittel, sondern nur als einfaches Tauschmittel gekannt und behandelt hätte.

In Polen, Littauen, Masovien und Liefland bediente man sich in ältester Zeit als allgemeines Tauschmittel der Felle von Mardern, Eichhörnchen und Füchsen, entweder ganzer Felle oder nur Theile derselben, des Kopfes und der Beine, auch andere Lederhäute waren in Gebrauch; hie und da wurden, um das Tauschmittel werthvoller zu machen, an den Ohren der Eichhörnchenfelle silberne Nägel befestigt. Später wurden zu Käufen und Zahlungen Stücke Goldes und Silbers verwendet. Dies dauerte bis in das 13. Jahrhundert. Erst gegen Ende desselben kamen Kupfer- und Silbermünzen, anfänglich aus Böhmen dorthin gelangt, in Umlauf, bis man in Polen endlich zur Prägung eigener Münzen schritt.

Bei den Lappen im nördlichen Skandinavien und an den Polarküsten Russlands sollen noch im 19. Jahrhundert Stücke Käse als Scheidemünze gedient haben.

Von einem stummen Handel zwischen Russen und Bulgaren erzählen arabische Schriftsteller: „Die Bulgaren bringen ihre Waren in's Land der Russen zum Verhandeln. Jeder legt seine Ware, die er mit einem Zeichen versehen, an einen Ort und lässt sie da zurück. Dann kommt er wieder und findet eine Ware, die er für sein Land brauchen kann, daneben gelegt. Ist er damit zufrieden, so nimmt er das zum Tausch Gebotene und lässt seine Ware dafür zurück; ist er es nicht, so nimmt er diese wieder weg. Käufer und Verkäufer bekommen einander dabei nicht zu sehen. So wird es auch in den Südländern, im Lande der Neger, gehalten."

Das älteste Geld der Russen waren thierische Häute, Felle, besonders von Mardern und Eichhörnchen; „Kuny", Marder bedeutet auch Geld. Jedoch schon frühe scheint die Unbequemlichkeit, ganze Häute beim Einkaufe mit sich tragen zu müssen, den Gedanken hervorgerufen zu haben, sie mit Schnauzen und anderen Stücken von Mardern und Eichhörnchen zu vertauschen; wahrscheinlich stempelte die Regierung diese und die Bürger konnten die Stücke bei der Krone gegen ganze Felle eintauschen. Diese waren daher Geldsurrogate, jene Geldzeichen. Noch lange, nachdem das Metallgeld bereits eingeführt war, blieben die Marderschnauzen in Gebrauch, denn der anfänglich nur in geringer Menge vorhandene Vorrath an Gold und Silber reichte für den gesammten Handelsverkehr im Innern und nach Aussen nicht hin. Daher bildete sich ein Werthverhältnis zwischen dem Geldsurrogate und dem Edelmetalle; eine bestimmte Menge von Marderfellen, „Grivne" genannt, stand anfänglich einem halben Pfund Silber gleich; da aber jene wenig inneren Werth hatten, sanken sie im Laufe der Zeit gegen das Metall mehr und mehr, so dass man im 13. Jahrhundert für eine Grivne Silber in Smolensk vier, in Nowgorod sieben Grivnen Marderfelle geben musste.

Auch im auswärtigen Handel benützten die Russen ihre Geldsurrogate und zahlten noch im 14. und 15. Jahrhundert mit diesen; so wurden die Seidenzeuge, welche ihnen von Constantinopel über das Asow'sche Meer und den Don aufwärts zukamen, und die deutschen Tücher, welche ihnen der hanseatische Handel über Nowgorod brachte, gegen Felle eingetauscht.

Vom 14. bis zum 16. Jahrhundert vollzog sich in den Ländern, welche jetzt das russische Reich in Europa bilden, nach und nach der Uebergang von den Geldsurrogaten zu dem Metallgelde. Zuerst geschah dies im Grossfürstenthume Moskau unter der Regierung des Grossfürsten Dimitrij Joanowitsch (1363—1389), welcher den Beinamen Donskij trug; zum letzten Male werden hier die Kunen in dem 1375 zwischen diesem Dmitrij und dem Fürsten von Twer geschlossenen Friedenstractate genannt, in allen späteren Verhandlungen wird der Werth der Güter und Waren nur mehr in Altynen und Dengen (Silbermünzen) bestimmt, denn gegen Ende des 14. Jahrhunderts wurden die alten Geldsurrogate, die Eichhörnchen- und Marderschnauzen, die nicht weniger als fünfhundert Jahre im Umlauf waren, gegen Silber eingewechselt; der Staatsschatz gab nur wenige lederne Zeichen aus und erhielt sie dadurch lange im Verkehr; die Kunen fingen erst an im Werthe zu sinken, als die Mongolen sie nicht statt Silbers annehmen wollten, und in Folge dessen anerkannten bald auch die Russen des Grossfürstenthums diese Geldzeichen nicht mehr, weshalb sie in Kürze aus dem Verkehre verschwanden. Wie jeder, auch der nützlichste volkswirthschaftliche Fortschritt Gutes und Uebles im Gefolge hat, so war es auch bei dieser Verdrängung der Geldsurrogate durch Edelmetall in Russland der Fall; die Masse der umlaufenden Geldzeichen wurde plötzlich vermindert, die Handelsstädte hatten zwar Silber, aber die übrigen weniger Handel treibenden Landstriche litten an Zeichen zur Werthbestimmung der Waren Mangel, und um demselben abzuhelfen, traten z. B. im Dwina'schen Lande nach Aufhebung der Lederstücke wirkliche Marder-und Eichhörnchenfelle an die Stelle jener, wie dies in den ältesten Zeiten der Fall war, es wurden also die alten Geldsurrogate dort wieder eingeführt, ja man näherte sich dadurch der ältesten Form des Verkehrs, dem Tauschhandel.

Länger als im Grossfürstenthume Moskau waren diese Geldsurrogate und Geldzeichen in anderen Theilen Russlands in Verwendung. So im Nowgorod'schen. Im Gesetzbuche des Fürsten Swätoslaw Olgowitsch von Nowgorod vom Jahre 1137 heisst es: „Der Bischof nehme statt des Zehnten 100 Grivnen im neuen Kunygelde", folglich gab die Regierung von Zeit zu Zeit neue, neugestempelte Ledermünzen heraus. Herberstein, der berühmte Gesandte Kaiser Maximilian's I., der 1517 und 1518 in Russland war, berichtet, dass die Russen noch vor Kurzem statt des Münzgeldes Schnauzen und Ohren von Eichhörnchen und anderen Thieren gebraucht hätten, und dass zu seiner Zeit noch in manchen Theilen dieses Landes der Tauschhandel herrschend gewesen sei; er erzählt von Chlopigorod, dem grössten Markte des ganzen moskowitischen Gebietes, und sagt, dass dieser von mancherlei Nationen, von Schweden, Norwegern, Liefländern, Tartaren, wilden Lappen und von Leuten aus Ländern, wo Brod und Gold nicht im Gebrauche steht, besucht wird; hier sei bei dem gemeinen Manne das Gold in keiner Achtung und aller Handel beruhe nur auf Tausch; Bauernkleider, Hemden, Schuhe, Messer, Nadeln, Fäden, Löffel, Hüte, Spiegel, Gürtel und dergleichen Dinge kaufe man auf diesem Markte mit Zobel-, Marder-, Hermelin- und anderen Fellen. — Guagnini, des Zaren Iwan Wassiljewitsch Zeitgenosse, erwähnt noch der ganzen Häute, und Rubruquis nennt als Geld der Russen kleine Stücke von Thierfellen, welche verschiedenfärbig bezeichnet seien.

Bis in eine noch spätere Zeit gelten die Kunen im Lande an der Dwina. In der Urkunde von 1397, welche der Fürst von Moskau an die Bewohner des Dwinaer Bezirkes richtete, als sie sich ihm unterwarfen, kommen folgende Bestimmungen vor „Wenn ein Mord begangen wird, so soll der Mörder erforscht werden; im Falle er nicht gefunden wird, soll der Gau dem Statthalter zehn Rubel zahlen, für eine blutende Wunde sollen dreissig Grauwerkfelle und für eine Verletzung ohne Blutverlust fünfzehn dergleichen Felle erlegt werden." „Wenn es bei einem Gastmahl zu einer Schlägerei kommt und diese an Ort und Stelle beigelegt wird, so sollen der Statthalter und die Edelleute sich nicht darein mischen dürfen, wenn aber der Streit erst nachher ausgeglichen wird, so soll dem Statthalter ein Marderfell erlegt werden." „Wenn ein Bauer auf einem Felde oder auf einer Wiese über den Markstein seines Nachbarn hinaus gepflügt oder gemäht hat, so soll der Schuldige dafür ein Schaf erlegen; für die Verletzung des Marksteines eines Dorfbezirkes sollen dreissig Grauwerke (Eichhornfelle), und für die Verletzung des Marksteines eines fürstlichen Gebietes hundertundzwanzig Grauwerke erlegt werden." Weiter heisst es: „Die Dwinaer dürfen in allen grossfürstlichen Gebieten Handel treiben, ohne dem Zolle unterworfen zu sein; nur den Statthaltern in Ustjug und Wologda zahlen sie zwei Mass Salz vom Boote und zwei Grauwerke von einer Fuhre."

Noch im 15. Jahrhundert waren die Kunen im Lande an der Dwina gangbar, erst um 1410 wurden sie durch die Nowgorod'sche Regierung abgeschafft und Kupfer- und 1420 Silbermünzen eingeführt, was um dieselbe Zeit auch in Pskow geschah.

Es ist eigenthümlich, dass die Russen durch den Verkehr mit einem culturell niedriger stehenden Volke, den Mongolen, mitveranlasst wurden, von den Geldsurrogaten zu dem Metallgelde überzugehen; denn da die Mongolen den Werth der Marderschnauzen nicht anerkannten, so hörten die Russen im Grossfürstenthume Moskau schon Anfangs des 14. Jahrhunderts auf, sich ihrer zu bedienen, und prägten Kupfer-, Silber- und später Goldmünzen, während die Bewohner der Lande Nowgorod und Pskow, welche in keiner engeren Verbindung mit den Mongolen standen, dieses Geldzeichen länger beibehielten und es erst später wegen der Schwierigkeit der kaufmännischen Berechnungen mit anderen Russen aufgaben.

Aber noch in viel späterer Zeit findet man in Russland Spuren des alten Ledergeldes. Im Jahre 1610 wurde eine russische Kriegscasse vom Feinde erbeutet, welche 5450 Rubel in Silber und 7000 Rubel an Pelzwerk enthielt; und der Ukas Peter's I. vom 8. März 1700 beweist, dass noch damals in Kaluga und in den benachbarten Gebieten Ledergeld in Umlauf war.

Noch im Anfange unseres Jahrhunderts wurde in Russland hie und da, und ist vielleicht jetzt noch, das alte Ledergeld als Sehenswürdigkeit aufbewahrt und wurde Fremden gezeigt; so im Alexandrinischen Nonnenkloster im Gouvernement Wladimir viele alte Lederstückchen von der Grösse eines Fingernagels und noch kleinere, welche im Klosterinventar unter dem Titel Ledergeld aufgeführt waren; auf den grösseren war ein Hacken, auf den kleineren ein Sternchen abgebildet; auf eines war das Wort „Kudma" aufgedruckt, der Name eines Flusses, welcher unweit Archangel, also im alten Nowgorod'schen Gebiete in die Dwina fliesst. Ebenso wurden im Zeughaus zu Woronesch kleine Ledermünzen aufbewahrt, welche auf der einen Seite den heiligen Georg, auf der anderen die Worte: „Zar und Grossfürst Iwan" zeigten.

XI.

Asien.

Hohe, alte Cultur, wenn auch eigenartig gestaltet, findet sich neben den in dieser Beziehung primitivsten Zuständen in dem Erdtheile, der vom indischen Ocean bis zum Eismeere, vom Ural bis zur Südsee reicht. Und dies spiegelt sich auch in den Verhältnissen des Handels und Verkehrs bei den zahlreichen, so ungemein verschiedenartigen Staaten und Völkern Asiens ab; hier Tausch und Tauschhandel, welche einer niedrigen Entwicklungsstufe des wirthschaftlichen Lebens entsprechen, dort in früher Zeit schon die Anfänge, die ersten Versuche einer Creditwirthschaft durch Einführung von Geldzeichen, wie solche in Europa erst viel später auftraten. Finden sich die ersteren vornämlich im Norden, in der Mitte Asiens und hie und da auch auf den südlichen Halbinseln bei zum Theile noch nomadisirenden Stämmen, so treten die letzteren zuerst in dem alten Culturstaate China auf und werden in Persien nachzuahmen versucht.

Bei den Chefsuren, einem Volke im Kaukasus, ist jetzt noch Viehgeld gebräuchlich; der bei Schlägereien Geschädigte wird je nach der Waffe und dem angethanen Schaden mit 5 bis 25 Kühen bezahlt; ein ausgeschlagenes Auge wird mit 30, ein zerschlagenes Bein mit 24, die rechte Hand mit 25, die linke Hand mit 20, der Daumen mit 5, der Zeigefinger mit 4, der vierte Finger mit 2, der kleine Finger mit 1 Kuh entschädigt. Hat Jemand bei einer Schlägerei eine Wunde im Gesichte erhalten, so wird ein Brettchen von der Grösse dieser Wunde dicht mit Getreidekörnern bedeckt, und so viele darauf gehen, so viel Kühe muss der Schuldige zahlen. Nach Einführung des russischen Geldes wurde ein Werthverhältnis zwischen diesem und dem Viehgelde festgestellt, eine Kuh gleich fünf Rubeln Silber, und darnach können grössere Summen auch in Geld erlegt werden. Für alle Waren gelten feste Verhältnispreise, auf den Werth einer Kuh reducirt; ein Gewehr gilt 20 Kühe oder 100 Rubel, ein Hengst 7, ein Maulesel 8, eine Stute 4 Kühe. Der Werth einer Kuh wird gleich 4 Schafen taxirt u. s. f. — Dem Todschlage folgt Blutrache oder es ist ein Blutgeld von 120 Kühen für einen getödteten Mann, von 20 Kühen für eine Frau zu zahlen. — Auch die Tscherkessen haben Viehgeld, doch nicht mit Kühen, sondern mit Ochsen als Wertheinheit.

Bei den Kirgisen dienen Pferde und Schafe als Geld, Wolfs- und Lammfelle gleichsam als Scheidemünze, bei den nogaischen Tartaren werden Kühe dazu verwendet, bei den persischen Nomaden Schafe oder, wenn sie unterjocht in Dörfern wohnen, Korn, Stroh und Wolle.

Im persischen Dattellande wurde jene Frucht, die am reichsten gedeiht, die Dattel als Geld gebraucht; und als man dort zum Metallgelde überging, wurde demgemäss die kleinste Silbermünze in Form eines Dattelkerns ausgeprägt.

In Khokand herrschte noch im 18. Jahrhunderte blos Tauschhandel, erst Anfangs des 19. Jahrhunderts führte der Chan von Khokand Kupfergeld ein.

Bei den Kalmüken, Kirgisen, Baschkiren und andern Stämmen in Hochasien und in Sibirien ist der Ziegelthee als gewöhnliches Nahrungsmittel sehr beliebt und vertritt daher auch bei ihnen die Stelle des Geldes; die chinesische Regierung zahlte den Mongolen häufig den Sold für geleistete Kriegsdienste in Theeziegeln aus. Zu Kiachta, der grossen sibirisch-chinesischen Handels- und Grenzstation, wird jetzt noch von den vereidigten Maklern chinesischer Thee gegen russische Felle und Fabrikate verhandelt, wobei ein Theeziegel den Werth eines Papierrubels repräsentirt.

Bei den Aneze Beduinen in Arabien herrscht noch Blutrache, doch kann der Todschlag auch durch Geldeswerth gesühnt werden; so werden für das Blut eines Freien 50 weibliche Kameele, ein Reitkameel, eine Stute, ein schwarzer Sklave, ein Panzer und eine Flinte gefordert. — Die Veddas, ein Jägerstamm in den ungelichteten Wäldern Ceylons, auf niedriger Culturstufe stehend und angeblich nur mehr 8000 Köpfe zählend, treiben mit den Nachbarn stummen Handel und erwerben von diesen Werkzeuge und Geräthe gegen Elfenbein und Wachs. — An der Grenze von China und Birma dient Salz als Geld. — Die Malaien auf Malakka und Sumatra trieben lebhaften Handel, der bei ihnen als eine ebenso beliebte wie ehrenvolle Beschäftigung galt; als Tauschmittel dienten dort Anfangs des 16. Jahrhunderts durchbohrte chinesische Münzen, andere mit arabischen Schriftzeichen versehene Münzen aus Messing, Kupfer, Zinn und Zink, kleine Zinkstücke mit der Inschrift „*Melek el adel*" (der gerechte König), Kupfermünzen mit der Marke des Sultans von Atschin; Gold und Silber wurden in Malakka in alter Zeit nur gewogen — also Barrencirculation. — So lange bei den Malaien auf den hinterasiatischen Inseln selbständige Reiche bestanden, blieb dieser Handel sehr blühend, während er gegenwärtig immer mehr dem Verfalle entgegengeht.

In China war das älteste Geld die Kaurimuschel, dann treten Stücke von Metallen, aber auch Perlen, Gewebe, Schildkrötenschalen als Geld auf; noch v. Chr. erscheint der Goldwürfel als Courantmünze, und kleine Stücke von Kupfer, rund, in der Mitte durchbohrt, um sie an Schnüren aufreihen zu können, dienen als Scheidemünzen. Daneben wurden noch lange Stücke von Silber und Zinn, Jade (ein schöner Stein), Perlen, Schildkrötenschale als Tauschmittel gebraucht. — Kaiser Wouty (140 v. Chr. Geb.), der für seine Kriege mit den Hiongnu Geld brauchte, sammelte in seinen Gärten weisse Hirsche und wenn seine Vasallenfürsten zu bestimmten Zeiten an den kaiserlichen Hof kamen und Geschenke brachten, so erhielten sie als Gegengabe ein Stück der Haut eines solchen Hirschen, das auf 40.000 Tsien geschätzt und *Psy-py,* Hautgeld genannt wurde — eine Einrichtung, welche wir tausend Jahre später bei den Russen wiederfinden; sollten die Russen dieses Geldsurrogat mittelbar oder unmittelbar von den Chinesen kennen gelernt und nachgeahmt haben?

Schon 119 v. Chr. und dann wieder 807 n. Chr. soll in China eine Art Banknoten, „*fey - tsien*" genannt, ausgegeben und bei der Steuerzahlung angenommen worden sein. Wenn dies auch nicht mit Sicherheit nachgewiesen werden kann, so ist doch das gewiss, dass die Chinesen, wenn auch später, die Erfinder des Papiergeldes geworden. Denn unter der Dynastie Song kam solches im Jahre 1264 in China in Umlauf. Der berühmte venetianische Reisende Marco Polo, welcher gegen das Ende des 13. Jahrhunderts 18 Jahre lang Asien durchwanderte und einige Zeit in Cambula, dem jetzigen Peking, sich aufhielt, erzählt darüber Folgendes; „Die Münze des grossen Chans Kublai, Kaisers von China, besteht weder aus Gold noch aus Silber, noch einem andern Metall, sondern aus der mittleren Rinde eines Baumes, genannt Moris, die man hart werden lässt und dann in runde grössere oder kleinere Stücke schneidet, auf welche man das fürstliche Wappen prägt; es ist im ganzen Reiche bei Todesstrafe verboten, andere Münzen zu verfertigen und auszugeben oder sich zu weigern, jene anzunehmen. Der Kaiser bezahlt seine Officiere und Soldaten in dieser Münze, so wie sie zur Unterhaltung seines Hauses und Hofes dient. Kein Monarch in der Welt ist reicher als der grosse Chan, denn er häuft unaufhörlich Summen von Gold und Silber auf, ohne etwas davon auszugeben." — Dieses Papiergeld hatte auf der einen Seite das kaiserliche Siegel und die Werthbezeichnung, die andere Seite trug folgende Inschrift: „Die Schatzkammer hat diesen Schein ausgestellt und befohlen, dass diese mit dem kaiserlichen Siegel versehene Münze Curs haben und gleich Kupfermünze angenommen werden soll. Diejenigen, die einen falschen machen, sollen mit dem Tode bestraft werden, und derjenige, der dies anzeigt und sich der Person des Thäters versichert, soll eine Belohnung von 250 Tael (beiläufig 750 Gulden) und ausserdem das ganze Vermögen des Schuldigen bekommen." *Tout comme chez nous.* Gutzkow hat nicht Unrecht, in seinem Uriel Acosta den alten Rabbi Ben Akiba sagen zu lassen: „Alles ist schon einmal dagewesen!"

In der Hauptstadt und in deren Nähe wurde dieses Papiergeld, wenn auch nicht ohne Schwierigkeiten, angenommen; aber nicht so in den entfernteren Theilen des grossen Reiches, wo die unmittelbare Gewalt der Herrschaft des Kaisers nicht so wirksam war, wie im Mittelpunkte; es kam, da man den Zwangscurs allenthalben durchführen wollte, zu schweren Unruhen, in Folge deren man nach einiger Zeit das Papiergeld einzog und sich desselben nicht mehr bediente.

Auch spätere Dynastien setzten Papiergeld wieder in Umlauf. „An der Assignatenwirthschaft sind die letzte und vorletzte, die Ming- und die Mongolendynastie zu Grunde gegangen und wenn uns die Pekinger Staatszeitung jemals die Nachricht bringen sollte, dass auch die Mandschu Schatzscheine auszugeben begonnen hätten, dann dürfen wir sicher annehmen, dass in ihrem Stundenglase die letzten Körner abrinnen."

In China finden wir also alle Arten von Geld vertreten; mit dem einfachsten Geldsurrogate, dem Muschelgelde, beginnt die Entwicklung des Geldwesens und bis zum Papiergelde, dem Kriterium der Creditwirthschaft, gelangt sie, nur eine Art des Geldes fehlt — das Münzgeld; geprägte Stücke aus edlem Metall gebrauchen die Chinesen noch heutigen Tags nicht, Wage und Gewicht entscheiden allein im Handelsverkehr, also darin stehen die Chinesen noch auf der Stufe der Barrencirculation.

Auch Japan befindet sich noch auf derselben; das japanesische Kupfergeld gleicht dem chinesischen, ist rund mit einem viereckigen Loche in der Mitte zum Aufreihen an Schnüren; vier solcher Metallstücke heissen Mon; Gold und Silber wird zum Umlauf in länglichen Platten, fast wie die Tuschstücke, gegossen.

China's Beispiel fand in Persien Nachahmung; hier versuchte unter der Herrschaft des Mongolenfürsten Kendschatu (1294) der Grosswessir Ssadreddin von Sendschan die Einführung von Papiergeld; er hoffte dadurch seiner Finanzverwaltung Ruhm und Glanz zu verleihen. Einflussreiche Grosse am Hofe traten diesem Plane jedoch erfolglos entgegen; eine Verordnung vom 12. September 1294 befahl, dass zunächst in Täbris das Papiergeld bei allen Zahlungen an Geldes statt angenommen werde und setzte auf die Nichtannahme den Tod. Die Folge dieser Zwangsmassregel war, dass die Verwirrung im Verkehr auf das Höchste stieg, dass bald aller Handel und Wandel gehemmt war. Ihre Urheber wurden der Gegenstand allgemeiner Verwünschung; Aufstände und Attentatsversuche gegen den Wessir folgten, so dass man sich endlich genöthigt sah, die Erlaubnis zu geben, dass wieder um Baargeld gekauft und verkauft werden durfte, bis endlich nach einigen Monaten unter dem Jubel der Bevölkerung die Aufhebung des Papiergeldes angeordnet wurde. Nicht alle Provinzen hatten sich der angeordneten Einführung des Papiergeldes gefügt; der Statthalter von Chorasan, Prinz Aghul, lehnte dieselbe unter dem Vorwande ab, dass die Luft, welche in seiner Provinz so scharf sei, dass die Waffen binnen Jahresfrist rosteten, das Papier bald zerfressen haben würde.

XII.

Afrika.

Reiches Material mannigfacher Art in Bezug auf den Betrieb des Tauschhandels und auf das Vorkommen der Geldsurrogate bietet der „schwarze Erdtheil". Sowohl die Berbern und Araber Nord-Afrika's, als die Neger Süd-Afrika's sind eifrige Kaufleute. Insbesondere ist bei dem Neger der Handel eine der Hauptleidenschaften, und meist zeigt er sich als einen zähen, betriebsamen und schlauen Handelsmann. Dennoch besteht der Handel in Afrika in den meisten Fällen nur im Abgeben der Rohproducte, welche das Land erzeugt, gegen andere Artikel, welche man selbst benöthigt; nur in West- und Central-Afrika, namentlich aber in den Küstengegenden werden fremde Producte gegen einheimische eingehandelt, um dann weiter vertrieben zu werden. Daher vorwaltend Tauschhandel, und zwar unter zum Theil symbolischen Formen, welche ebenso das Misstrauen, wie die Langsamkeit desselben bezeichnen. Auch stummen Handel fand man vor noch nicht langer Zeit bei den Negern am Niger; der Verkäufer legte seine Ware an einer bestimmten Stelle des Bodens nieder und zog sich zurück, darauf erschien ein anderer und legte neben jene, was er für sie geben zu können glaubte und entfernte sich ebenfalls, um abzuwarten, ob sein Angebot angenommen und abgeholt wurde oder nicht, in welch letzterem Falle er sich dann entweder entschloss, etwas zuzulegen oder das seinige wieder zurückzunehmen. Auf der Insel Fernando Po wurde eine Linie in den Sand gezogen, auf deren beiden Seiten man die Tauschwaren niederlegte und sonst das übrige Verfahren beobachtete. Doch ist jetzt schon diese ursprünglichste Weise des Tauschhandels eine Seltenheit; und in den meisten Negerländern ging man von dem reinen Tauschhandel auf die höhere Stufe über, ein allgemeines Tauschmittel zur Erleichterung des Handels und Verkehrs anzunehmen. Solcher Tauschmittel, solcher Geldsurrogate und Geldzeichen gibt es in Afrika zahlreiche, doch herrscht hiebei häufig der Gebrauch, dass manche Gegenden, ja selbst jeder Ort und Markt sein besonderes Tauschmittel hat, ja dass für manche Gegenstände auf demselben Markte nur das eine und nicht das andere Tauschmittel angenommen wird, so dass man das bestimmte Object erst eintauschen oder kaufen muss, ehe man Geschäfte machen kann, ähnlich wie in Europa im Mittelalter auf jedem Markte Wechsler zugegen sein mussten, welche den Käufern die Münzen, die sie mitbrachten, gegen die Landesmünze vertauschen mussten, bevor diese mit dem Einkaufe beginnen konnten.

So finden sich auf den Märkten in Udjiji, dem grossen Centralpunkte des Handelsverkehrs zwischen dem Innern Afrika's westlich vom Tanganjika-See einerseits und der Ostküste anderseits, Leute mit grossen Quantitäten von Glasperlen, welche dort als Tauschmittel dienen, ein, um dieselben gegen minderwerthige Perlen oder gegen andere Waren einzutauschen, damit diejenigen, welche jenes Tauschmittel nicht besitzen, in den Stand gesetzt werden, Einkäufe zu machen. Am Schlusse des Marktes tauschen die Perlenhändler ihre Perlen von den Verkäufern auf dem Markte wieder ein und gewinnen so bei Verkauf und Kauf. — Wo Reisende solche Wechsler nicht finden, können sie nicht selten die gesuchte Ware nur mit Mühe und auf vielen Umwegen erlangen. So erzählt Cameron, dass, als er einst ein Boot habe miethen wollen, der Eigenthümer desselben die Miethe in Elfenbein verlangt habe, welches Cameron nicht besessen; ein Anderer, welcher Elfenbein besass, habe Zeug dafür verlangt, den er ebenfalls nicht gehabt; glücklicherweise sei ein Dritter hinzugetreten, der Zeug besass und gerne Eisendraht dafür habe eintauschen wollen, den Cameron besessen; er habe daher Draht für Zeug, diesen für Elfenbein gegeben und damit die Miethe für das Boot gezahlt.

Unter allen in Afrika gangbaren Geldsurrogaten sind es die Kauri's, das Muschelgeld, welche räumlich die grösste Ausbreitung haben, sich unbestritten nicht nur bis in die Gegenwart erhielten, sondern auch wahrscheinlich noch in eine ferne Zukunft hin sich behaupten werden und sowohl für die Länder, in welchen sie herrschend, als auch für den europäischen Handel dorthin von grosser Wichtigkeit sind. Das Muschelgeld gehört dem Geschlechte der Porcellanen oder Cypreen an; zum Gelde eignet sich *Cypraea erosa, Cypraea helvola, Cypraea annulus*, besonders aber *Cypraea moneta* (Linn.), weil sie klein, sehr zierlich, in allen Exemplaren ganz gleichförmig ist und viele reichlich spendende Fundorte hat. Sie findet sich auf den Maladiven und Laccadiven, auf Borneo, auf den Manila- und Lieu-Kieu-Inseln, auf der, Angola an der Westküste von Afrika gegenüber liegenden Insel Loanda, an der Küste von Mozambique und endlich am Mittelmeer an der ägyptischen Küste. Von den Lieu-Kieu-Inseln gelangten die Kauris nach Japan und China, dienten dort in der Provinz Yünnan zur Zeit Marco Polos (Ende des 13. Jahrhunderts) als Scheidemünze und verbreiteten sich von da nach Siam. Von den Maladiven und Laccadiven kamen sie an die Küsten von Malabar und Coromandel und nach Bengalen, wo jetzt 1280 Kauris ungefähr einen halben shilling gelten und nach Hinter-Indien; in Calcutta sagt man jetzt noch von einem Taugenichts „er ist nicht eine schlechte Kauri werth"; auf dem Malwa-Plateau, im Herzen Vorder-Indiens sind sie jetzt noch Hauptzahlmittel; von der Westküste Vorder-Indiens verbreiteten sie sich einerseits nach Afghanistan und Hochasien, anderseits nach Arabien.

Ihre grösste Verbreitung und Bedeutung aber haben sie in Süd- und Central-Afrika, wo sie auf beiden Küsten, auf der Ost- und auf der Westküste, gefunden und gesammelt und wohin sie auch in vielen Schiffsladungen besonders von den Laccadiven und Maladiven und im Kleinhandel durch arabische Kaufleute gebracht werden. Schon Ibn-Batuta, der berühmte arabische Geograph des 14. Jahrhunderts, erwähnte der Kauris als des vorzüglichsten Tauschmittels in Central-Afrika.

Von der Küste von Mozambique gehen die Kauris quer durch den Continent an die Küste von Congo; hier treffen sie mit den Kauris von Loanda zusammen, steigen von hier am Ogowai hinauf gegen den Niger und verbreiten sich von da einerseits westwärts durch Dahomey an die Küste von Ober-Guinea und anderseits ostwärts nach Bornu, wo sie vom Niger an durch das ganze Gebiet des Tsadsee's hin im Umlauf sind, als Scheidemünze gelten und nach Pfunden gezählt werden; das Pfund hat 32 Muscheln, ein Maria Theresienthaler, die einzige in Bornu gangbare Silbermünze, gilt 140 bis 150 Pfund Kauris.

So findet sich dieses Geldsurrogat verbreitet in dem ungeheuren Raume von 140 Längengraden, von den Lieu-Kieu-Inseln und der Ostküste Asiens bis an den Meerbusen von Guinea.

Der Grund, weshalb die Kauris so vielseitig als Geld genommen werden, ist derselbe, welcher bei der Annahme der edlen Metalle als Geld wirksam war; sie dienten zuerst und dienen noch als Schmuck und erlangten in Folge des ihnen dadurch innewohnenden Werthes die Function des Geldes. Man muss jedoch in Bezug der Rolle, welche sie als Geld spielen, wohl zwischen den alten Culturländern wie Indien und China und zwischen den von noch wenig civilisirten Stämmen bewohnten Gebieten, wie Central-Afrika, unterscheiden. In den ersteren sind sie nicht die einzige Geldform, sie kommen dort neben schweren Gold- und Silbermünzen als Scheidegeld vor und haben sich als solches bis auf unsere Tage erhalten, wovon die Ursache namentlich in der grossen Seltenheit des Kupfers in diesen Ländern liegt; in Afrika, je weiter im Innern, desto mehr treten die Münzen edlen Metalles zurück und werden die Kauris einziges oder wenigstens hauptsächlichstes Zahlungsmittel. Hier werden sie vorzüglich als Sclavengeld verwendet, denn noch wird es leider wahrscheinlich lange nicht gelingen, den furchtbaren Menschenhandel zu unterdrücken. Als im 15. Jahrhundert die Portugiesen an die Küsten von Nieder-Guinea gelangten, fanden sie dort Kauris und Sclavenhandel, das gleiche Schauspiel trat ihnen in Mozambique entgegen, sie sahen dann die reichen Fundorte dieses Geldmittels auf den Laccadiven und Maladiven und dessen Concentrirung in Bengalen, welches unter der Herrschaft des Grossmoguls (seit Ende des 16. Jahrhunderts) zum Brennpunkte des indischen Handels wurde. Europäische Kaufleute begannen auch den einträglichen Sclavenhandel zu treiben und führten Neger in Menge von Afrika nach Amerika, besonders nach Westindien, und als Zahlungsmittel warfen sie dafür Massen von maladivischen Kauris auf die Küsten von Afrika, diese wurden von den Sclavenhändlern gierig ergriffen und auf hunderten von Wegen in das Innere gebracht, so dass sich dort ein grosses Quantum dieses Zahlungsmittels ansammelte, dieses daher im Preise stets ziemlich stationär bleiben konnte und für den grössten Theil aller dort sich vollziehenden Kaufgeschäfte ausreicht.

Auch in neuerer Zeit wussten sich europäische Kaufleute den Kaurihandel nutzbringend zu machen. Nachdem schon früher Kaurimuscheln von Ceylon und Calcutta nach England importirt, dort von einzelnen nach der Westküste Afrika's Handel treibenden Kaufleuten gekauft und nach der Bucht von Benin gesandt worden waren, um in den Häfen von Elmina und Lagos und in deren Hinterländern als Scheidemünze Verwendung zu finden, sandte (1844) eine Hamburger Firma ein Schiff directe nach den Maladiven, kaufte dort Kauris (*Cypraea moneta*) gegen europäische Waren, nahm dann von Zanzibar andere Kauris von der grösseren Gattung (*Cypraea annulus*) mit, und verkaufte sie an der Westküste Afrika's gegen bares Geld, und zwar gegen spanische Golddoublonen, welche für nach Brasilien verkaufte Sclaven nach Afrika gekommen waren. Nachdem die brasilianische Regierung den Sclavenhandel verboten hatte, wurden die Kauris mit Palmöl bezahlt, wodurch, da das Palmöl in Europa im Preise stieg, als man anfing, Stearin daraus zu erzeugen, der Ertrag des Kaurihandels zeitweise ein glänzender wurde. Neuen starken Absatz fanden die Kauris, als der Herrscher von Bornu, Schah Omar, sie nach 1845 in seinem Reiche, statt der Baumwollstreifen, als Scheidemünze einführte. — Nachdem der Bedarf an Kauris in Bornu befriedigt war und Marseiller Firmen seit 1857 trotzdem massenhaften Export derselben aus Zanzibar und ebensolchen Import an der Westküste Afrika's betrieben, hörte dieser durch einige Jahre hindurch so nutzbringende Handel auf einträglich zu werden und musste schliesslich eingestellt werden.

Ausser den Kauris stehen aber noch viele andere Geldsurrogate in Afrika in Gebrauch. Bei dem Handel der Eingebornen zwischen Tripolis und Murzuk vertreten Seidenstränge die Stelle des Geldes. Auf den Wochenmärkten in Abyssinien herrscht jetzt noch vornemlich Tauschhandel und wo dieser nicht ausreicht, werden Salzstücke als Geld verwendet, gewöhnlich kleine Salzbarren, meist 6 Zoll lang, 3 Zoll breit, 1½ Zoll dick, durch einen eisernen Reifen vor dem Zerbrechen geschützt, ihrer 60 kosten einen Thaler; Metallgeld als Scheidemünze sieht man nur wenig, als schweres Geld herrscht der Maria Theresienthaler. — In der Oase Siwah werden Datteln als Geld gebraucht. — Die Gallas scheinen Viehgeld zu haben, denn bei ihnen wird für Mord ein Blutgeld an Vieh bezahlt, wenn an einem Weibe begangen, mit 50, wenn ein Mann erschlagen wurde, mit 100 Ochsen. — Dort wo südlich von der Sahara Berbervölker und Negerstämme aneinanderstossen, findet ein lebhafter

Tauschhandel von Eisen, Kupfer und Korallen gegen Vieh statt. — In jenen Theilen Central-Afrika's, denen die Natur die unschätzbare Gabe des Salzes gänzlich versagt hat, und denen es demnach durch die Karavanen aus der salzreichen Wüste zugeführt werden muss, dient ähnlich wie in Habesch das Salz zugleich als Geld; Mungo Park fand bei den Mandingos den currenten Preis einer Salztafel von 2½ Fuss Länge, 1 Fuss 2 Zoll Breite und 2 Zoll Dicke gleich 2 Pfund Sterling. In Darkulla galt ein vierzehnjähriger Sclave 12 Pfund Salz. — In Agades im Reiche Air oder Asben, wo die Kauris nur ausnahmsweise vorkommen, treten als Geldsurrogate Baumwollstreifen und Gussub, eine Art Hirse, auf. — Bei den Ashanti's am Guineameere vertritt Goldstaub die Stelle des Geldes. — In Bagirmi, südlich vom Tsadseë werden Kattunlappen, grobe und feine Hemden, als Geld gebraucht; der gangbarste Tauschartikel aber sind dort Sclaven, sie bilden gleichsam die grosse Münze, wie in Abyssinien die Maria Theresienthaler und wie anderwärts die englischen Baumwollstreifen; man berechnet dortselbst alle Waren nach ihrem Werthe in Sklaven, d. h. in sogenannten mittelguten Sclaven, denn es gibt auch höher geschätzte, welche so viel werth sind, als zwei mittelgute und geringer geachtete, die man nur einem halben gleichschätzt. Der übliche Ausdruck lautet Köpfe, alles wird nach Köpfen berechnet. Wenn dort in Folge einer gelungenen Sclavenjagd eine grosse Menge von Sclaven auf einen Punkt zusammengebracht wird, so zeigt sich dieselbe Erscheinung, wie wenn bei civilisirten Völkern die vorhandene Menge von Edelmetallen durch neue Funde sich plötzlich beträchtlich vermehrt, der Preis der Sclaven sinkt ausserordentlich, was sich zunächst in der enormen Preissteigerung der andern Verkaufsgegenstände, wie Pferde, Waffen, Ketten u. s. w. zeigt. Bei einigen Negernvölkern Süd-Afrika's zunächst den portu-

giesischen Colonien cursiren Tabak, Elfenbein und europäische
Glasperlenstränge als Geld; besonders dienen die in Venedig
fabricirten Glasperlen als Zahlungsmittel, die Neger und Negerinnen
nehmen aber nur matte, nicht glänzende Glasperlen an, daher
wird an den für Afrika verfertigten Perlen in Venedig der natür-
liche Glanz, den alles Glas nach dem Erkalten zeigt, durch
Mattschliff entfernt. In der Republik der holländischen Bauern
— den in letzter Zeit so vielfach genannten Boers — ist noch
jetzt Elfenbein Landesmünze und Werthmesser; zu Berbera
an der Ostküste galten im vorigen Jahrhundert die Sanda, das
sind Stücke blauen Baumwollenstoffes von zwei Ellen Länge als
Werthmesser, sie wurden erst vor einigen Jahrzehnten durch
die Maria Theresia-Thaler und durch die indischen Rupien verdrängt. — Bei den Kaffern waren lange die Wurfspiesse, die
Assagai's, oder blos deren Spitzen, unter deren Stichen Napoleons III.
Sohn sein junges Leben endete, gangbares Tauschmittel und das
einzige Geld, bis durch die Europäer Kupfer, Messing, Glasperlen
gleichen Werth erhielten und nunmehr alle einfachen und
gemischten Metalle, vorzüglich diejenigen, welche roth oder gelb
sind, gerne genommen werden. Die Assagais behielten aber dennoch ihren Werth, weil deren viele bei der Jagd und im Kriege
verloren gehen, und ihre Verfertigung wegen Mangel an geeigneten Werkzeugen mühsam und beschwerlich ist. Auch Kauris
circuliren als Geldsurrogat bei den Kaffern, sowie Ringe aus
Eisen, Kupfer, Messing, womit sie ihre Gürtel schmücken; diese
Gürtel bestehen aus glattgehämmerten, schön abgerundeten Ringen von $\frac{1}{2}$ Zoll Durchmesser, die an einen Riemen gereiht
sind. Drei- bis vierhundert Ringe machen einen Gürtel und zwei
Gürtel kostet eine Kuh. Auch hufeisenartige Eisenplatten werden
als Tauschmittel verwendet. Also auch in Süd-Afrika Spuren der
Barren- und Ringgeld-Circulation!

Die Betschuanen, die Nachbarn der Kaffern treiben nur Tauschhandel; am Zaire und in Loanda kommen als Geld kleine Matten vor, welche aus gespaltenen Bambusblättern verfertigt werden; bei den Eingebornen zwischen Limpopo und Zambesi dienen als Tauschwerkzeuge Messingscheiben, dann grobe Baumwollstoffe von weisser, indigoblauer, selten schwarzer Farbe, auch gestreift in verschiedenen Farben, welche gerne genommen werden, da man sie zu Lendentüchern benützt, dann grellroth gefärbte oder auch bunte Sacktücher der billigsten Sorte, welche um den Kopf gebunden werden, auch Glasperlen von verschiedener Farbe und Grösse, die an Schnüre gereiht, bald um den Hals, bald um die Lenden getragen werden, endlich Messingdraht zu Arm-, Hals- und Fussringen für das schöne Geschlecht — also durchaus Gegenstände, welche als Zierrath und Schmuck verwendet werden.

Und auf Madagaskar stossen wir wieder auf das Viehgeld, wenigstens werden dort, wie wir es schon mehrfach anderwärts und in entlegenen Zeiten und Orten gefunden, der Diebstahl und andere Verbrechen mit Geldbussen bis zu fünfzehn Ochsen bestraft.

So finden wir fast auf dem ganzen riesigen Gebiete des Festlandes und der Inseln Afrika's vorherrschend den Tauschhandel oder höchstens den Handel mittelst Geldsurrogaten. Auch der Verkehr der europäischen Kaufleute mit den Negern, besonders in jenen Ländern, welche noch von unabhängigen Stämmen bewohnt, und von der europäischen Civilisation noch wenig beeinflusst sind, ist vorwaltend Tauschhandel, europäische Industrieartikel werden unmittelbar gegen afrikanische Rohproducte, vornehmlich Palmöl, Palmkerne, Elfenbein eingetauscht; der europäische Händler muss ein solches Sortiment von Waren mitbringen, dass der Eingeborne alles das, was er für seine

Producte eintauschen will, bei ihm findet. Bis vor Kurzem war an der Küste südlich vom Meerbusen von Guinea Metallgeld noch ganz unbekannt; wer dort mit einer Tasche voll Gold und Silber landete, konnte damit nicht die geringsten Lebensbedürfnisse erlangen; mit einem Stück Zeug, mit etwas Tabak, mit einer Flasche Rum war mehr zu erreichen, als mit barem Geld. Als Werthmass gilt dort jetzt noch ein „*kroo*", d. i. ein gewisses, aber an jedem Platze verschiedenes Mass Palmöl, oder ein „*Madras*" oder „*long*" d. i. ein Stück Zeug von bestimmter Länge und Breite; der Werth aller andern Handelsartikel z. B. Gewehre, Pulver, Rum, Glasperlen u. s. w. wird in „*kroo's*" oder „*long's*" festgesetzt; ebenso wird der Werth der afrikanischen Producte, Kaffee, Wachs, Gummi elasticum früher bestimmt und dann werden diese gegen jene ausgetauscht. Als Scheidemünze dienen an der Westküste kleine Nürnberger Spiegel und Tabak.

Nach dem Vorherrschen der verschiedenen Werthmassstäbe und Geldsurrogate lassen sich in Afrika bestimmte Handelsgebiete geographisch ziemlich genau abgrenzen. In den Ländern am obern Nil dienen unter den heidnischen Völkern vornehmlich Eisen und Kupfer als Werthzeichen; im mohamedanischen Sudan bilden Maria Theresia-Thaler und Kauris die Werth-Einheit, im grossen Handelsgebiete der Ostküste und von da in das Innere bis nach Udjiji und Nyangwe Glasperlen und Kauris, während an der Westküste Palmöl und Zeuge dafür gelten. Der Handel in jedem dieser Gebiete ist ein völlig verschiedener und erfordert andere Waren und andere Tauschwerthe; nur zwei Waren sind es, mit welchen fast in ganz Afrika vom Innern an die Küsten Handel getrieben wird. Elfenbein und Sclaven und da der Export dieser nach Amerika nicht mehr geduldet wird, so ist jenes die wichtigste Ware, welche aus dem Innern des schwarzen Erdtheils den civilisirten Ländern Europa's und Amerika's zukommt.

XIII.
Amerika.

Noch bevor Europäer den amerikanischen Continent betreten hatten, bedienten sich die Indianer, sowohl die der Ostküste, als auch die in Oregon und in Californien des Muschelgeldes. Die Eingebornen in Massachusetts gebrauchten hiezu die *Venus mercenaria* (*Mercenaria violacea*), welche von ihnen Quahang genannt wurde; sie ist glänzend weiss, zwei bis drei Zoll lang, mit purpurfärbigem Rande. Diese Muscheln werden an Steinen glatt und rund gerieben und dann mittelst eines spitzigen Instrumentes durchbohrt. Man fasst mehrere solcher Muscheln an Schnüren zusammen und so entstehen Gürtel, welche „Wampum" genannt werden. Diese dienen zu verschiedenen Zwecken. Weisse Wampum sind Symbole des Friedens und der Freundschaft; der Kriegsgürtel ist schwarz mit rothen Zeichen, wird er einem Stamme von einem andern gesendet, so ist dies die Aufforderung sich einem Kriegszuge anzuschliessen, wird er angenommen, so sind die Stämme Verbündete, wird die Annahme verweigert, so ist jede weitere Unterhandlung oder Besprechung überflüssig. Bei den Versammlungen der Indianer halten die Redner Wampums in den Händen, und bezeichnen die Theile ihrer Rede mit den einzelnen Muscheln in der Art, wie betende Katholiken an dem Rosenkranze die Theile desselben bezeichnen.

Da diese Wampums von den nordamerikanischen Indianern auch als vorzüglichster Schmuck um Hals und Arme getragen werden, und da das Schleifen und Glätten der hiezu verwendeten Muscheln eine sehr mühevolle Arbeit ist, so werden dieselben von den Indianern fast durchgehends als Geld angenommen und häufig wird der Tribut, welchen ein unterworfener Stamm zu zahlen hat, in Wampums entrichtet.

Die glänzend weissen Muscheln mit purpurfärbigem Rande bildeten das Purpurgeld der Indianer, das rothe Wampum, die andern weniger schönen Muscheln das weisse Wampum, welches nur halb so viel werth war als jenes. Ueberhaupt je bunter in der Farbe und gleichförmiger in Gestalt und Schliff die Muscheln waren, desto höher wurden sie geschätzt. Auch die eingewanderten Europäer nahmen Wampumstränge als Geld, gewöhnlich drei für einen Penny; 1671 wurden einem puritanischen Geistlichen 120 Pfund Sterling ausbezahlt in Biberfellen, dunklem und weissem Wampum und Musketenkugeln. Bei den Irokesen waren Wampumstränge aus Buccinum umlaufende Münze.

Bei den Indianern an der Westküste Nordamerika's diente als Geld das Dentalium (*tusk shell*), die Zahnmuschel, so genannt, weil sie einem Elephantenzahn in Miniatur gleicht; sie kommt von Nutka und von der Fucastrasse, war auf der Vancouver-Insel, auf der Königin Charlotten-Insel und auf der ganzen Festlands-Küste an der Mündung des Columbia am Pugetsund und nach Norden hin bis Sitka in Umlauf und galt dort als allgemeines Werthmass; auch die aus dem Tschilkatlande nördlich von Sitka importirten „Coppers" oder 18 Zoll bis 2 Fuss langen, eigenthümlich gestalteten Kupferplatten dienen dort noch als Tauschmittel. Gegenwärtig werden diese Tauschmittel aber allmählich von den durch die Jäger und Kaufleute der Hudsonbai-Gesellschaft hieher gebrachten wollenen Decken verdrängt, welche nunmehr bei den Haidas, dem den Charlotten-Archipel bewohnenden Indianer-Stamme, Hauptzahlmittel sind und in der Regel ein Pfund Sterling gelten. Heute ist ein Sklave, eine Frau, ein Kahn so und so viel Decken werth, ehemals bezahlte man mit so und so viel Strängen Dentalium. Der Werth der letzteren hieng von ihrer Länge ab; die grösseren Stränge, deren beide Enden zusammengeknüpft wurden, nannte man *hiaquay* und ein solcher aus 25 aneinander befestigten Muscheln bestehender Strang galt als Wertheinheit; es gab eine Zeit, wo ein solcher *hiaquay* 50 Pfund Sterling werth war. Der Grund, dass diese Zahnmuscheln als Geld gebraucht wurden und werden, liegt auch hier in dem Umstande, dass sie als Schmuck im Nasenknorpel oder auch als Zierrath an die Kleider geheftet getragen werden. Jetzt kommen auch Dentalien in grosser Menge aus Europa nach Kalifornien; in manchen Warenläden in San Francisco kann man sie neben Glasperlen und andern für die Indianer bestimmten Waren aufgespeichert sehen; sie bilden einen Artikel, der jetzt zumeist nach Aljaska Absatz findet.

Auch die Küsten-Indianer im nördlichen Californien haben diese Zahnmuscheln als Umlaufsmittel und nennen sie Allikotschik. Bei den Kahrocks-Indianern aber gilt als Hauptgeld der rothe Scalp eines Spechtes, welcher den Werth von fünf Dollars hat. Auch kleine Muscheln sind dort im Umlauf, auf Stränge aufgezogen, welche je nach ihrer Länge einen Werth von 25 Cents bis zu 2 Dollars haben. Als Einheit gilt ein Strang von der Länge eines Mannesarmes, an welchem unterhalb des Ellenbogens eine Anzahl langer, oberhalb des Ellenbogens eine Anzahl kleinerer Muscheln angebracht ist. Dieses Muschelgeld heisst nicht blos am Klamath, sondern auch auf der ganzen Strecke von Crescent City bis zu Eel River Allikotschik, obwohl dort die verschiedenen Stämme verschiedene Sprachen sprechen. Vor vierzig Jahren gab ein Indianer gerne 40 bis 50 Dollars Gold für einen solchen, heute haben sie nur noch bei alten Leuten Geltung. Diese wollen von dem Gelde des weissen Mannes nichts wissen, sondern sammeln so viel Muschelgeld wie immer möglich, das sie anhäufen und festhalten.

Nicht blos im Handel und Verkehr, auch bei dem Brautkaufe kommt das Muschelgeld in Verwendung. Wenn bei den

Jurocks ein junger Mann gerne ein Weib nehmen und doch nicht so lange warten will, bis er die vom Vater des Mädchens geforderte Summe Muschelgeldes beisammen hat, dann zahlt er die Hälfte und wird dadurch „halb verheiratet"; als solcher Halbmann darf er das Mädchen nicht in seine Hütte bringen und zur Sclavin machen, sondern er muss, bis er alles abgezahlt hat, in ihrer Hütte wohnen und ist ihr Sclave.

Die Anwohner der Küste und jene in ebenen Gegenden kauften, bevor sie durch die Europäer zu Schiessgewehren kamen, ihre Bogen und den grössten Theil ihrer Pfeile von den Gebirgsindianern. Ein Mann brauchte zehn Tage Zeit, um einen Bogen zu verfertigen, der je nachdem er gearbeitet war, 3, 4 oder 5 Dollars kostete. In diesem Handel war dreierlei Muschelgeld gangbar, weisse Muschelperlen oder vielmehr Knöpfe, die in der Mitte ein Loch haben und auf einen Faden gezogen werden, von denen ein yardlanger Strang 5 Dollars galt; andere Muscheln gewöhnlicher Art zu einem Dollar, und endlich eine Sammlung verschiedener Muscheln, welche, je nachdem sie gross und hübsch sind, 3 bis 10 und 15 Dollars Werth hatten.

Wenn ein kranker Indianer sich einen heilkundigen Stammesgenossen kommen lassen will, so muss er vorausbezahlen; man schickt dem „Doctor" einen eben erlegten Hirsch oder so und so viel Stränge Muscheln und wirft diese Gabe vor ihn hin, ohne ein Wort zu sagen; so viel auf dem Boden liegt, so viel will man für die Bemühungen des „Doctors" geben — eine Art stummen Handels, wie wir ihn schon mehrfach anderwärts gefunden. Stirbt der Kranke, so haben die Verwandten das Recht, den „Doctor" todtzuschlagen.

Die Stämme bei Bodega, der alten russischen Ansiedlung in Californien, hatten als Geld eine zweiklappige Muschel, *Saxidomus auratus;* in Indianergräbern auf Inseln vor der Küste hat man durchlöcherte Exemplare von *Olivella biplicata* und *Lucapina crenulata* gefunden.

In den Ländern der Hudsonsbai-Gesellschaft in Britisch-Columbia und im Nordwest-Territorium bildet noch gegenwärtig das Biberfell die Masseinheit des Verkehrs, drei Marder werden gleich einem Biber geschätzt, ein schwarzer Fuchs oder Bär gleich vier Bibern, eine Flinte gleich 15 Bibern.

Alle diese eben besprochenen Verhältnisse, Sitten, Einrichtungen und Gebräuche der Indianer an der Ost- und an der Westküste Nordamerika's beweisen, dass diese Stämme lange schon vor der Zeit, als dieser Erdtheil den Europäern bekannt wurde, zum Theile sogar lebhaften Handel und Verkehr trieben und wenn auch nicht Geld, so doch Geldsurrogate benützten; auch die in Canada wohnenden Indianer besassen schon in alter Zeit Unternehmungsgeist und Lust zum Handel; so zeichneten sich besonders die Narraganset vor andern Völkern durch Fleiss und Handelsthätigkeit aus und lieferten ihren Nachbarn Wampum, Schmuck aller Art, Pfeifen und irdene Geschirre und sie tauschten dafür von ihnen Biber- und andere Felle ein. Ebenso spricht für eine rege Betriebsamkeit im Handel der Umstand, dass in älterer Zeit in Neu-England ebenso wie in Florida selbst während des Krieges der Handel unter feindlichen Stämmen ungestört blieb.

Auch in den Ländern der heutigen Union fand man Alterthümer, welche einen für die damaligen primitiven Verhältnisse sehr bemerkenswerthen ausgedehnten Handelsverkehr der alten Indianer bezeugen. So wurden im Binnenlande Haifischzähne, Seemuscheln und Perlen, welche nur von den fernen Meeresküsten dahin gelangen konnten, und weit im Norden in Grabhügeln am Ontariosee Pfeilspitzen und Messer von Obsidian gefunden, welche, da dieses Mineral der Union fremd ist, nur aus Mexiko dahin gelangen konnten. — In den Thälern der Flüsse, welche in den mexikanischen Meerbusen münden, fand man Fragmente von Götzenbildern, welche den mexikanischen Idolen gleichen; unterhalb Wheeling wurde ein Stein entdeckt, welcher genau das Zeichen trug, mit dem das Vieh in Mexiko gezeichnet zu werden pflegte und in einer Höhle zu Kentucky fand sich der Kopf eines mexikanischen Schweines. Somit muss in frühen Zeiten schon ein lebhafter Verkehr, Tauschhandel, der Indianer von den grossen Seen, vom Felsengebirge und vom Mississippi mit den Mexikanern bestanden haben.

Höchst merkwürdig in jeder Beziehung ist das Bild, welches das alte Mexiko darbietet; ganz aus sich selbst ohne jegliche Berührung mit einem andern Culturvolke haben sich seine Bewohner bis zu einer bewunderungswürdigen Höhe der Bildung emporgehoben; sie besassen ein vollkommen geordnetes Staatswesen, blühenden Landbau, eine hochentwickelte Industrie, mächtige Bauwerke, treffliche Canäle und Strassen, einen ausgebreiteten und schwunghaft betriebenen Handel, bevor Europäer im 16. Jahrhundert ihr Land betraten. In Mexiko, ihrer Hauptstadt, sammelten sich an Markttagen, das war jeder fünfte Tag, 40—50.000 Menschen zu Handel und Verkehr in bester und strengster Ordnung; jede Ware und jedes Geschäft hatte auf dem Markte seinen bestimmten Platz, jeder Verkäufer zahlte Standgeld, die Längen- und Hohlmasse, nach denen verkauft wurde, unterlagen der Controle dazu bestellter Beamten und in einem bestimmten Hause sass ein Gericht, das die beim Handel entstehenden Streitigkeiten zu entscheiden hatte. Auch die Wage scheinen die Mexikaner gekannt und im Handel gebraucht zu haben.

Die Waren, welche auf diese Märkte kamen, waren höchst manigfaltig und wurden häufig in grossen Quantitäten zugeführt: rohe und behauene Steine, an der Sonne und am Feuer getrocknete

Backsteine, bearbeitetes und unbearbeitetes Holz von verschiedenen Arten, Lebensmittel aller Art, Mais, eine Menge verschiedener Gemüse. Kräuter und Früchte, viele Arten von Geflügel, Kaninchen, Wildpret, gemästete Hunde, Vogeleier, Fische, Maisbrod, eine grosse Anzahl fertig zubereiteter und manigfaltiger Gerichte und Backwerk, Zucker, Honig, süsse Getränke aus dem Safte des Maises und des Magney, Töpfergeschirre, Kohlen und Kohlenbecken, gegerbte und ungegerbte Wildhäute, Matten in grosser Auswahl, Vogelbälge, besonders von Raubvögeln, die noch ihre Federn, Klauen, Kopf und Schnabel hatten. Auch kamen auf die Märkte zahlreiche Gattungen von Medicinalpflanzen und in besonderen Läden wurden Pflaster, Salben und Arzneigetränke verkauft. Ausser diesen werden noch als Marktwaren erwähnt: vortreffliche Malerwaren, deren hauptsächlichste sicher die Cochenille war, da deren Cultur in Mexiko sehr alt und besonders in Oaxaca sehr ausgedehnt war, dann Tabak, Papier, Messer von Feuerstein, Zwirn, Cacao, Menschenkoth zum Gerben, Gold, Silber, Kupfer, Blei, Zinn, theils in rohem Zustande, theils zu mannigfachem Schmuck geformt, andere kostbare und künstliche Arbeiten von edlen Steinen, Knochen, Muscheln, Federn und endlich -- Sklaven.

Auf diesen Märkten herrschte eine Art stummer Handel, Käufer und Verkäufer pflegten nicht zu sprechen, sondern gaben nur durch das Gesicht ihre Zufriedenheit oder Unzufriedenheit mit dem Angebot des andern kund.

Dieser Handel der alten Mexikaner wurde aber nicht blos auf den grossen Märkten der Städte ihres Landes betrieben, er breitete sich auf weite, ihnen nicht unterworfene Landgebiete aus. Schon unter Montezuma I. (Mitte des 15. Jahrhunderts) erstreckte er sich bis nach Tabasco und Tehuantepec und zur Zeit der Eroberung des Landes durch die Spanier wurde starker

Handel mit Cacao, Baumwolle, Sklaven und andern Artikeln betrieben, welcher von der Laguna de Terminos bis an die Küste des Südmeeres und bis nach Nito und Trujillo in Honduras reichte.

Und das alles war Tauschhandel oder Handel mit Geldsurrogaten.

Fünf Arten von Geldsurrogaten hatten die alten Mexikaner: 1. Cacaobohnen, die beständig wie unsere Scheidemünze in Umlauf waren und zu diesem Zwecke in Säcke zu 24.000 Stück gefüllt wurden; 2. kleine Tücher aus Baumwolle von bestimmter Grösse, welche gewissermassen das Geld der Europäer vertraten; 3. Gänsekiele mit Goldstaub gefüllt, welche je nach ihrer Grösse mehr oder minder werthvoll waren; 4. drei bis vier Finger breite Stücke Kupfer in Gestalt eines Hammers T; und 5. dünne Stücke Zinn ohne Gepräge.

Das häufigste Vorkommen und die weiteste Verbreitung hatten die Cacaobohnen, sie wurden an allen Küsten des mexikanischen Meerbusens und des caraibischen Meeres als Geld angenommen. Als Columbus auf seiner vierten Reise von der Fichteninsel Guanaja nach der Küste von Honduras steuerte, traf er auf ein yukatekisches Marktschiff, welches Waren: Zeuge, Kleidungsstücke, hölzerne Schwerter mit Obsidianklingen, Geräthe aus Erz, Thongeschirre, also Gewerbserzeugnisse von Yucatan nach Honduras geführt hatte, für welche die Kauffahrer als Rückfracht Cacao eingetauscht hatten; die Spanier verwunderten sich, als sie die indianischen Schiffer nach jeder herabgefallenen Bohne sich eifrigst bücken sahen, denn erst später erfuhren sie, dass diese Cacaobohnen oder „Mandeln", wie die Entdecker sie nannten, in Mexiko und Yukatan als Geld umliefen. — Sogar Münzfälschungen kamen bei den Cacaobohnen vor; die Mexikaner nahmen die Kerne heraus, füllten die leeren Schalen mit Erde und klebten sie dann wieder zu. — Noch heute cursiren bei den Indianern Mexiko's und Centralamerika's die Cacaobohnen als Scheidemünze, das kleinste Silberstück, der *Medio* (12 kr. ö. W.) wird gewöhnlich in 40 Cacaobohnen getheilt.

So bedeutend auch die ökonomische Entwicklung der alten Mexikaner war, so waren sie doch auf der Stufe der Naturalwirthschaft stehen geblieben; ihr Handel war Tauschhandel, höchstens durch Geldsurrogate gefördert, auch ihre Steuern entrichteten sie in Naturgegenständen, in Mais, Aji, Bohnen, Baumwolle, Gold, Zeugen, Gewändern, Federbüschen, Cacao, Papier, Waffen, Bauholz u. s. f.; an manchen Orten, so in Mechoacan waren die Armen angeblich, um doch etwas zu geben, wenigstens zu einem Tribut von Ungeziefer verpflichtet, was auf eine schädliche Art von Erdflöhen gedeutet wird.

Auch die Bewohner von Centralamerika trieben lebhaften Handel zu Lande und zur See; Cortez erzählt von einem Wirthshause im Lande der Mayas, das der Häuptling eines Dorfes im südlichen Yucatan für die durchpassirenden Kaufleute hielt; die Bewohner von Acolan widmeten hauptsächlich dem Handel ihre Thätigkeit und der reichste Kaufmann soll dort zum Herrscher des Landes gewählt worden sein; längs der Küste von Yucatan fuhren sie mit grossen Kähnen, die mit 40 bis 50 Menschen bemannt waren, und verfrachteten in denselben baumwollene Zeuge und Kleider, steinerne Messer, Kupferäxte und Schwerter, Schellen, Cacao, Maisbrod und andere Waren. Die Stelle des Geldes vertraten kleine Schellen oder Glöckchen, Schnüre von Muscheln und Cacaobohnen.

Den Urbewohnern der Landzunge Araya am caraibischen Meerbusen diente zur Zeit der Entdeckung Amerika's Salz in Ziegelform, wie es aus natürlichen Pfannen gewonnen wurde, als Geld auf den einheimischen Messen und Märkten, zu denen von weither die Bevölkerung zusammenströmte. Noch ein anderes Product vertrat die Stelle eines Tauschmittels. Man pflanzte einen Strauch, namens Hay oder Haya, auf sorgfältig bewässerten Fluren. Eine Schnur reichte aus, die Feldmark zu bezeichnen, denn eine Missachtung der Grenzen galt als sacrileg und den Verwegenen, der sie verletzte, ereilte die Strafe der Gottheit. Die myrthenähnlichen Blätter dieses Strauches wurden getrocknet, zerrieben und mit einem Pulver gemischt, welches man aus den Gehäusen der Schalthiere, brannte; diese Mischung, deren Genuss narkotisch wirkte, wurde in Röhren aufbewahrt, welche man als Tauschmittel gebrauchte. — In Costa rica dienten zur Zeit der Ankunft der Spanier und dienen jetzt noch Cacao, Eier, Cigarren und andere Verbrauchsgegenstände als Scheidemünze. — Die Ureinwohner von Panama hatten namhafte Quantitäten von Gold, woraus sie Schmucksachen verfertigten; als Tauschmittel verwendeten sie es aber nicht, es gab dort keine Art von Geld, aller Handel beruhte nur auf Tausch.

Auch aus Süd-Amerika liegen einige Nachrichten über Tauschhandel und Tauschmittel vor. Die wilden Goahiras zwischen dem Rio de la Hacha und Maracaibo sind zu misstrauisch, um etwas anderes im Verkehr anzunehmen, als Waren zum unmittelbarsten Gebrauche, während die Indianer am obern Amazonenstrome doch schon so weit fortgeschritten sind, dass bei ihnen Wachskuchen im Gewichte von einem Pfunde als Geld cursiren. Hingegen betrieben die Cariben Süd-Amerika's einen sehr lebhaften Tauschhandel; sie führten ihre Waren von den Küsten des holländischen Guiana bis in den Amazonenstrom und als Händler vom untern Orinoko bis an den Ventuari. So lange Frieden blieb, herrschte lebhafter Handel; Salz, Mais, Hängematten, Baumwolle, Gold u. a. wurden umgesetzt; Salz wurde namentlich auf Isla Fuerte im östlichen Theile des Golfes von

Uraba gewonnen; viel Kupfer gab es in der Gegend von Cartagena; nicht minder regsam ging es auf den Märkten von Curiana an der Küste von Cumana her. Dorthin brachten die Bewohner der ganzen Gegend ihre Vorräthe, alle Nahrungsmittel, Geräthe und Gefässe aller Art gab es dort in Menge, auch Goldschmuck in Form verschiedener Thiergestalten und mancherlei Hausthiere. Regen Handel hatten auch die Chibchas in Neu-Granada, und grosse Märkte, so in Coyaima, Turmeque und anderwärts, welche in regelmässigen Zwischenräumen stattfanden; Salz und Gold waren die allgemeinen Tauschmittel; das letztere kam hauptsächlich aus dem Lande der Ponches, und wurde in kleinen gegossenen discusförmigen Scheiben als Geld verwendet.

Eine ähnliche Stelle wie die Mexikaner in Nordamerika nahmen die Peruaner in Südamerika als Culturvolk ein; aber auch sie waren auf der Stufe der Naturalwirthschaft stehen geblieben, ihr Handel war nur Austausch von Gütern, Geld kannten sie nicht, trotz des lebhaften Verkehrs, welcher auf ihren Märkten herrschte, die in den volkreichen Ortschaften dreimal in jedem Monate abgehalten wurden. Auch die Steuern wurden in Naturproducten an die Inca's entrichtet, deren Regiment ein ungemein mildes war, welches bis zu einer Zartheit ging, die zuweilen fast lächerlich erscheint; so mussten die zur Arbeit Unfähigen regelmässig kleine Packete menschlichen Ungeziefers abliefern, um ihnen, wie das Gesetz sagt, das drückende Gefühl zu ersparen, ihren Unterhalt als blosse Almosenempfänger zu verzehren.

Aber nicht blos bei den Azteken Mexiko's, bei den Cariben Central-America's und bei den Peruanen, auch im Norden dieses Erdtheils, bei den Grönländern und Behringsvölkern, deren Heimat so arm an Producten ist, und die in ihren Bedürfnissen sich auf das engste einschränken müssen, stossen wir auf Handel und

Verkehr. Besonders lebhaft treiben denselben die Grönländer untereinander, sie halten in der Gegend von Disko nicht selten eine Art Jahrmarkt, wo jeder seine Waren zur Schau auslegt und sagt, welche Ware er dafür benöthige, wer nun jener bedarf und diese dafür geben kann, der bringt die begehrte Sache und der Kauf ist abgeschlossen. Die nordwärts davon wohnenden Grönländer, die kein Holz haben, ziehen alljährlich im Sommer nach Disko und kaufen dort solches gegen Einhörner, Zähne, Knochen, Fischbein und Sehnen von Walfischen. — Den fremden Kaufleuten verkaufen sie Thran, Fuchs- und Seehundsfelle und noch vor 30 bis 40 Jahren nahmen sie nur Waaren dagegen: Messer, Sägen, Bohrer, Meissel, Nadeln, gestreiftes Linnen- und Baumwollenzeug, wollene Strümpfe und Mützen, Bretter, Kämme, Bänder, Kinderspielzeug, Tabak, Flinten, Pulver, Blei. — Geld hatte damals bei ihnen noch keinen Werth und es war ihnen einerlei, ob sie ein Goldstück oder einen Rechenpfennig, eine Glasperle oder einen Edelstein am Halse hängen hatten, sie schätzten es nur hoch, weil es glänzte; es kam vor, dass sie eine Guinee oder ein Silberstück, das sie auf einem europäischen Schiffe gestohlen hatten, für ein paar Schuss Pulver oder eine Handvoll Tabak gaben. Der Tabak, den sie nur zum schnupfen brauchen, war ihre Scheidemünze, für jede Dienstleistung erwarteten sie etwas Tabak und damit bezahlte man sie auch für ihre Schuster- und Schneiderarbeit, damit kaufte man ihnen Eiderdunen, Eier, Vögel, Fische ab. Auch Glasperlen nahmen die Grönländer gerne, und während bei ihnen der Tabak die Hauptcourantmünze vertrat, bildeten die Glasperlen eine Art Scheidemünze. — Also durchaus Tauschhandel und Verwendung von Geldsurrogaten.

Auch stummer Handel kam dort nicht selten vor, und zwar in ganz gleicher Weise, wie zwischen Phöniziern und Lybiern, zwischen Russen und Bulgaren.

Schon im 18. Jahrhundert unterhielten die Holländer an der Küste von Grönland mit den Eingebornen einen ziemlich lebhaften Verkehr, aber durchaus nur in der Form des Tauschhandels; gegen Werkzeuge, Glasperlen und dergleichen tauschten sie Robbenspeck ein, der „*handelspek*" hiess, weil er erhandelt, nicht erjagt worden war. Alljährlich gingen eigene Schiffe, nicht des Fischfanges, sondern des Handels wegen, als „Händler" (*handelaar*) von Holland nach der Davisstrasse. Von diesem einstigen Tauschhandel der Holländer mit den Grönländern finden sich noch Spuren in Eskimogräbern, in deren Innerem man Eisengeräthe, Glasperlen und dergleichen gefunden hat. Noch jetzt bedient man sich in Grönland hie und da der Fische als Tauschmittel.

Als vor Jahrzehnten europäische Schiffer zu den Polarvölkern an der Behringsstrasse kamen, entwickelte sich ein lebhafter Tauschverkehr; die Eingebornen brachten Felle der Bären, Wölfe, Füchse, Rehe, Waschbären, Iltisse, Marder, Seeottern, Bogen, Pfeile, Spiesse, Angelhaken, Säcke voll rothen Ockers, Glaskorallen, und tauschten diese Artikel gegen europäische Producte aus, welche die Schiffer mitgebracht hatten. Auch Eisen, Messing, Zinn fand man in den Händen dieser Eskimo's, welches aus Asien stammte und durch Zwischenhandel vermittelst der Tschuktschen zu ihnen gelangte. Denn zwischen den asiatischen und amerikanischen Behringsvölkern herrschte beständig und herrscht noch Handelsverkehr. Die Tschuktschen ziehen nach der Diomedesinsel und die Malemuten setzen von der äussersten Nordwestspitze Amerika's über, um Rennthierfelle gegen Pelze umzutauschen. Der Handel geht so flott, dass die Kleidungen der Eingebornen am Yukonflusse einige hundert englische Meilen aufwärts aus asiatischen Fellen bestehen, welche von den Tschuktschen stammen. Bei diesen selbst kommt als Tauschmittel eine Muschel vor, welche von der Charlotteninsel stammt; diese Muschel gelangt durch den Handel auch auf das Festland von Amerika und wird von indianischen Stämmen, welche südwärts an der Westküste von Amerika wohnen, bis zum Felsen- und Chipewaygebirge und bis zum Oregongebiet angenommen.

Aber nicht blos bei den Eingebornen, auch bei den eingewanderten Europäern in den Colonien Amerika's kamen in den ersten Zeiten der Colonisation Geldsurrogate in vorwaltender Menge vor, behaupteten sich nicht nur sehr lange, sondern finden sich hie und da noch heutzutage. Im englischen Westindien wurde Zucker, in Neu-Foundland wurden Stockfische, in Maryland und Virginia wurde Tabak als Geld verwendet; der Gebrauch des letztgenannten Productes hing mit der obrigkeitlichen Besichtigung und Magazinirung des zur Ausfuhr bestimmten Tabaks zusammen; noch gegen Ende des 18. Jahrhunderts bezahlte man mit Anweisungen auf die geprüften Vorräthe. Um 1618 wurde in Virginien sogar der Zwangscurs des Tabaks bei schwerer Strafe angeordnet. Ueberhaupt war in manchen Theilen der Vereinigten Staaten noch gegen Schluss des 18. Jahrhunderts der Tauschhandel sehr verbreitet; in Vermont z. B. bot der Arzt seine Medicamente aus, um ein Pferd zu kaufen, der Drucker seine Zeitungen gegen Korn und Butter, in Maryland hatte die Assembly den Preis von Tabak, Schweinefleisch, Mais und Weizen gegeneinander festgestellt, in Corrientes lief noch 1815 eine Menge Jungen auf den Strassen umher und rief: „Salz für Lichter, Tabak für Brot." Erst der Verkehr mit den Engländern führte zum eigentlichen Geldhandel.

Ja noch in unsern Tagen kommt in abgelegenen Strichen der Union Aehnliches vor; in Texas diente noch vor weniger als zwanzig Jahren Mais- als Kauf- und Tauschmittel, in einigen Theilen des Staates Georgia war noch 1865 die Scheidemünze so selten, dass man Hühnereier als Kleingeld benützte, und in Vermont zeigte 1869 ein dortiger Zeitungsverleger an, er sei bereit, für Abonnements und Anzeigen alle Arten Gemüse zu nehmen, mit Ausnahme von Bohnen, welche er ihrer Unverdaulichkeit wegen nicht vertragen könne.

XIV.

Australien.

So tief die Bewohner des fünften Erdtheils auch in der Cultur standen und mit wenigen Ausnahmen noch stehen, so hatten sie doch, wenn auch gering entwickelten Handel und Verkehr untereinander, schon bevor die Europäer in ihre Meere und an ihre Küsten kamen, und da die ersten Reisenden dort weder Geld noch ein allgemein anerkanntes Werthobject — wohl kommen verschiedene bei einzelnen Stämmen vor — fanden, so muss der Tauschhandel vorgewaltet haben.

Eifrigen Handel treiben die Bewohner von Neuguinea, von denen nur die wildesten Horden im Innern der Insel und an der Mariannenstrasse noch gar keinen oder sehr geringen Handel haben; aber lebhaftes Interesse und Geschick legen auch sie an den Tag, wie denn die Bewohner des Innern den Paradiesvogelhandel allein vermitteln. Die Küstenbewohner vom Utenatafluss bis zur Geevinksbai hatten alle mehr oder weniger weitgehende Handelsverbindungen mit den Kaufleuten der malaiischen Inseln noch vor Ankunft der Europäer; bis dahin herrschte grösstentheils Tauschhandel, hie und da gab es Tauschmittel, so bildete zu Dorei auf Neuguinea ein Sklave die Münzeinheit; auf den Fidschiinseln wurden Kauris, Walzähne und einheimische Zeuge als Geldsurrogate verwendet.

Die Papuas, bei welchen eine besonders beliebte Nahrung der Honig wilder Bienen ist, die mittelst Rauchens giftiger Kräuter aus den Baumhöhlen, in denen sie nisten, vertrieben werden, formen das Wachs, welches dabei gewonnen wird, zu Kuchen, die sie an die europäischen Kaufleute gegen Strohmatten, Reis, Glasperlen und Tabak verkaufen.

Die Malaien auf den Karolinen und Marianen treiben in der Regel Tauschhandel; wo aber der Tausch nicht stattfinden kann, benützen sie zu Schnüren aufgereihte dünne Kokos- und Muschelstückchen, welche sie sonst am Hals und Leib tragen, als Tauschmittel; der Werth dieser Ketten war nach ihren verschiedenen Arten sehr genau bestimmt — diese Schnüre waren also Geldsurrogate.

In Hawaii wurden Märkte an bestimmten Orten und Tagen gehalten, wo Zeug, Lebensmittel und dergleichen nach festgesetzter Ordnung ausgeboten wurden; hiezu bestellte Schiedsrichter, welche eine Abgabe für ihre Mühewaltung empfingen, schlichteten etwa vorkommende Streitigkeiten.

Dass in Polynesien der Handel sich so wenig entwickelte, liegt in den äussern Umständen dieser Inselwelt — in der Zersplitterung des Festlandes in Tausende von Eilanden, wodurch der Verkehr der einzelnen Stämme unter einander gehemmt wurde, in deren Reichthum an Naturproducten auf den meisten derselben, wodurch die Bedürfnisse der Eingebornen hinreichend Befriedigung fanden und der Trieb, in den Besitz anderer Erzeugnisse durch Tausch zu gelangen, nicht erregt wurde und wohl auch darin, dass die Eingebornen des australischen Continents so bildungslos und bildungsunfähig sind, dass sie auch nicht die niedrigste Stufe der Cultur zu erreichen vermögen. Wo jetzt auf den Inseln günstigere Verhältnisse herrschen, erfolgte der Umschwung durch die Europäer, so sind jetzt die Neuseeländer, die Sandwichinsulaner, die

Bewohner von Tamoa, Tahiti und andern Inseln tüchtige Kaufleute, treffliche Handelsunternehmer.

In den dünn bevölkerten Colonien der polynesischen Inseln finden wir ebenso wie in einzelnen Staaten der Union bis in die neueste Zeit in Folge des Mangels an gemünztem Gelde Surrogate dafür; so diente noch vor fünfzehn Jahren in Neuseeland Tabak und Schiesspulver als Tauschmittel.

XV.

Schluss.

Es ist grosses Gebiet, fast das ganze Erdenrund, das wir von Vorderasien ausgehend und bis zu dem jüngst entdeckten Erdtheile streifend, es ist ein weiter, umfangreicher Zeitraum, den wir, von der ältesten Zeit beginnend und bis in die Gegenwart vorrückend, vor unseren Blicken vorüberziehen liessen, um zu sehen, wie sich Handel und Verkehr in ihren primitivsten Anfängen blos durch den Warentausch halfen und erst allmählich sich solcher Objecte zu bedienen begannen, welche allgemein als Güter anerkannt wurden, denen man daher einen gewissen Werth beilegte und die man in dem dadurch schon zum Kaufe übergehenden Tausche als Mittel desselben gebrauchte. Es ist die erste, oder höchstens die erste und zweite Stufe in der Entfaltung des grossen wirthschaftlichen und Cultur-Processes „Handel", welche in dieser Weise sich darstellen und fast unsagbar gross, reichentwickelt, höchst manigfaltig und kaum übersehbar ist die weitere Gestaltung und Ausbildung von Handel und Verkehr, wie er sich allenthalben bis zu der Höhe, die er heute einnimmt, emporgeschwungen hat. Aber deshalb soll man die kleinen Anfänge, von welchen er ausgegangen, nicht unterschätzen, nicht missachten. Es ist schon ein merkbarer Fortschritt in der Entwicklung der Völker, wenn sie das, was die Natur ihnen bietet, gegenseitig auszutauschen beginnen, ein noch bedeutenderer, wenn sie zu einem festen Werthmasse gelangen, an dem sie den Preis aller übrigen Güter messen lernen; der gewaltigste Schritt nach vorwärts vollzieht sich allerdings erst dann, wenn der geldlose Tauschhandel und der Kauf mittelst Geldsurrogaten in den Handel durch Metallgeld übergeht. Nur bis an diesen, nicht in diesen Vorgang reichen die Schilderungen und Darstellungen, welche wir in diesen Skizzen geboten, aber auch die Zustände und Verhältnisse jener frühesten und früheren Zeiten liefern manches lehrreiche und vieles anregende, man mag daraus erkennen, wie der Mensch von der ihn umgebenden Natur abhängig ist, wie er dieselbe sich theilweise unterwirft und ihre Producte in mannigfaltiger Weise zu seinem Nutzen verwenden lernt, wie in entfernten Zeiträumen und in weit von einander abgelegenen Landstrichen häufig die Ausgangspunkte dieselben sind und die fernere Entwicklung ganz verschieden sich gestaltet, wie aber doch auch räumlich und zeitlich weit geschieden ohne Zusammenhang und Ableitung von einander die gleichen Erscheinungen, die gleichen Einrichtungen, Sitten und Gebräuche auftreten, so z. B. das Muschelgeld, das Viehgeld. — Und in diesem Sinne betrachtet, mag die Darstellung des Tauschhandels und der Geldsurrogate in alter und neuer Zeit, in nahen und fernen Landen einen kleinen Beitrag zur Darlegung der Culturverhältnisse früher Entwicklungsstufen der Menschheit und insbesondere zur Geschichte der Wirthschaft der Völker in den ersten Stadien ihres materiellen und ökonomischen Fortschrittes bilden.

Verzeichnis der benützten Literatur.

Andree, Geographie des Welthandels. Stuttgart, 1867 ff.
Barth Heinrich, Reisen und Entdeckungen in Nord- und Central-Afrika, in den Jahren 1849—52. 3 Bände. Gotha, 1857.
Baumstark, Die Volkswirthschaft nach Menschenrassen, Volksstämmen und Völkern. (In den Jahrbüchern für Nationalökonomie und Statistik, V. 81 bis 134.)
Beer, Allgemeine Geschichte des Welthandels. I. II. III. 1. Wien, 1860—64.
Bidermann H. J., Die technische Bildung im Kaiserthume Oesterreich. Wien, 1854.
Böckh, Die Staatshaushaltung der Athener. 2 Bde. Berlin, 1817.
Böckh, Metrologische Untersuchungen über Gewichte, Münzfusse und Masse des Alterthums in ihrem Zusammenhange. Berlin, 1838.
Bohlen, Das alte Indien mit besonderer Rücksicht auf Aegypten. 2 Bände. Königsberg, 1830.
Boretius, Zur Lex Saxonum. (In Sybel's historischer Zeitschrift 1869, XXII. Bd. S. 148—165.)
Bötticher, Geschichte der Carthager. Berlin, 1827.
Brückner, Die Münzzeichen Schwedens 1716—19. (In den Jahrbüchern für Nationalökonomie und Statistik. III. 161—184, 237—282, 337—365.)
Buckle, Geschichte der Civilisation in England. Deutsch von Arnold Ruge. 3. Ausg. Leipzig und Heidelberg, 1868.
Curtius, Griechische Geschichte. 3 Bände. Berlin, 1857 ff.
Curtius, Ueber den religiösen Charakter der griechischen Münzen. (In den Monatsberichten der kgl. Akademie der Wissenschaften in Berlin 1869. S. 465—481.)
Dahn, Urgeschichte der germanischen und romanischen Völker. Berlin, 1881. I. Bd. (II. 2. von Oncken's Allgemeiner Geschichte in Einzeldarstellungen.)
Dawson, Der Queen-Charlotten-Archipel. (In Petermann's Geographischen Mittheilungen, 27 Bd. 1881. S. 331—347.)

Dudik, Allgemeine Geschichte Mährens. Brünn. I. Band, 1860, IV. Band, 1865.
Duncker, Geschichte des Alterthums. 4. Aufl. 7 Bde. Berlin, 1876 ff.
Falke, Die Geschichte des deutschen Handels. 2 Theile. Leipzig, 1859—60.
Frähn, Ibn-Foszlan's und anderer Araber-Berichte über Russen älterer Zeit. St. Petersburg 1823.
Geijer E. G., Schwedens Urgeschichte. In deutscher Uebersetzung. Sulzbach, 1826.
Geijer E. G., Geschichte Schwedens. Uebersetzt von Swen P. Leffler. Hamburg, 1832. (In Heeren und Ukert's Geschichte der europäischen Staaten.)
Genthe, Ueber den etruskischen Tauschhandel nach dem Norden. Neue erweiterte Bearbeitung. Frankfurt a. M., 1874.
Grimm Jacob, Geschichte der deutschen Sprache. 2 Bde. 2. Aufl. Leipzig 1853.
Grimm Jacob, Deutsche Rechtsalterthümer. 2. Ausg. Göttingen 1854.
Haag, Ueber den Bericht des Ibrahim Ibn Jakub von den Slaven aus dem Jahre 973. (Baltische Studien. XXXI. Jahrgang. S. 71—80. Stettin, 1881.)
Hammer-Purgstall, Geschichte der Ilchane, das ist der Mongolen in Persien. 2 Bde. Darmstadt, 1842—43.
Herberstein, Rerum Moscoviticarum Commentarius. Basileae, 1571.
Hertz John E., Ueber Verwendung und Verbreitung der Kaurie-Muschel. (Mittheilungen der geographischen Gesellschaft in Hamburg. 1880—81.) I. Heft, S. 14—28. Hamburg, 1881.
Hildebrand Bruno, Naturalwirthschaft, Geldwirthschaft und Creditwirthschaft. (In den Jahrbüchern für National-Oekonomie und Statistik. II. 1—24.)
Hultsch, Griechische und römische Metrologie. Berlin, 1862.
Jnama-Sternegg, Werth und Preis in der ältesten Periode deutscher Volkswirthschaft. (In den Jahrbüchern für National-Oekonomie und Statistik. XXX. 197—234.)
Karamsin, Geschichte des russischen Reiches. Nach der 2. Originalausgabe übersetzt. Riga 1820 ff.
Kink Rudolf, Codex Wangianus. Urkundenbuch des Hochstiftes Trient. (In den Fontes rerum Austriacarum. II. Abth. 5. Band.)
Kink Rudolf, Vorlesungen über die Geschichte Tirols vor der Vereinigung mit Oesterreich. Innsbruck 1853.
Klemm, Allgemeine Culturgeschichte der Menschheit. 10 Bände. Leipzig 1843—52.
Lappenberg, Geschichte von England. Fortgesetzt von Reinhold Pauli. Hamburg 1834 ff. (In Heeren und Ukerts Geschichte der europäischen Staaten.)
Lassen, Indische Alterthumskunde. 3 Bände. Bonn 1847 ff.
Lindeman, Die arktische Fischerei der deutschen Seestädte 1620—1868. (Petermann's Geographische Mittheilungen, Ergänzungsheft Nr. 26.)
Lohmeyer, Preussen, Land und Volk bis zur Ankunft des deutschen Ordens. (In den preussischen Jahrbüchern, Band XXXIII. 148—163, 225—237.

Mauch, Reisen im Innern von Süd-Afrika. 1865—72. (Petermann's Geographische Mittheilungen, Ergänzungsheft Nr. 87.)

Mommsen, Geschichte des römischen Münzwesens. Berlin, 1860.

Mommsen, Römische Geschichte. 6. Aufl. 8 Bände. Berlin, 1874 ff.

Movers, Die Phönizier. 3 Bände. Bonn, 1841 ff.

Müller Friedrich, Allgemeine Ethnographie. 2. Aufl. Wien, 1879.

Müller J. H., Deutsche Münzgeschichte. Leipzig 1860.

Palacky, Geschichte von Böhmen. I. Band. Prag, 1836.

Pauli, Cardinal Wolsey und das Parlament vom Jahre 1523. (In Sybel's historischer Zeitschrift, 1869, XXI. Band. S. 28—64.)

Peschel, Geschichte des Zeitalters der Entdeckungen. Stuttgart und Augsburg. 1858.

Peschel, Völkerkunde. 2. Aufl. Leipzig 1875.

Petermann, Die Messe von Nishnij-Nowgorod und der russische Theehandel. (In Petermann's Geographischen Mittheilungen, 1867. S. 26—27.)

Petermann, Die geographischen Ergebnisse des englischen Feldzuges in Abyssinien. (In Petermann's Geographischen Mittheilungen, 1869. S. 121—137, 164—186.)

Radde, Vier Vorträge über den Kaukasus. (Petermann's Geographische Mittheilungen, Ergänzungsheft Nr. 36.)

Rohlfs, Reise durch Nord-Afrika von Tripoli nach Kuka. (Petermann's Geographische Mittheilungen, Ergänzungsheft Nr. 25.)

Roscher, Grundlagen der National-Oekonomie. 15. Aufl. Stuttgart 1880.

Sadowski, Die Handelsstrassen der Griechen und Römer durch das Gebiet der Oder, Weichsel, des Dniepr und Niemen an die Gestade des baltischen Meeres. Aus dem Polnischen von Albin Kohn. Jena, 1877.

Scheel, Der Begriff des Geldes in seiner historisch-ökonomischen Entwicklung. (In den Jahrbüchern für National-Oekonomie und Statistik. VI. 12—29.)

Schleiden, Statistik und Staatswirthschaft in Peru vor der spanischen Eroberung. (In den Jahrbüchern für National-Oekonomie und Statistik. I. 129—181.)

Schreiber, Die Metallringe der Kelten als Schmuck und Geld. (In dessen „Taschenbuch für Geschichte und Alterthum in Süddeutschland", II. Jahrg. S. 67—152 und III. Jahrg. S. 401—408. Freiburg i. B., 1840 f.)

Seetzen, Ueber die Berbern. (In den Fundgruben des Orients. Wien, 1813 III. 99—104.)

Sinnacher, Beiträge zur Geschichte der bischöflichen Kirche Säben und Brixen. 9 Bde. Brixen 1830 ff.

Soetbeer, Beiträge zur Geschichte des Geld- und Münzwesens in Deutschland. (In den Forschungen zur deutschen Geschichte. I. 205—300.)

Volz, Geschichte des Muschelgeldes. (In der Zeitschrift für die gesammten Staatswissenschaften; 1854, X. 83—122.)

Wachsmuth, Europäische Sittengeschichte. 5 Bde. Leipzig, 1831 ff.

Wackernagel, Gewerbe, Handel und Schifffahrt der Germanen. (In Moriz Haupt's Zeitschrift für deutsches Alterthum, IX. 530—578. Leipzig 1853.)
Waitz Theodor, Anthropologie der Naturvölker. 6 Bde. Leipzig 1859 ff.
Weber Beda, Das Land Tirol. 8 Bde. Innsbruck 1838.
Weinhold, Altnordisches Leben. Leipzig, 1856.
Wilda, Strafrecht der Germanen. Halle 1842.
Woermann, Ueber Tauschhandel in Afrika. (In den Mittheilungen der geographischen Gesellschaft in Hamburg 1880—81. Heft I, S. 29—43. Hamburg 1881.)
— Die Entwicklungsstufen der Geldwirthschaft. (In den Jahrbüchern für National-Oekonomie und Statistik. XXVI. 15—26.)

Inhalts-Verzeichnis.

	Seite
Vorwort	1
I. Einleitung	1
II. Aegypten, Babylon, Israel, Phönizien, Karthago, Indien, Bactrien, Medien, Persien	5
III. Hellas	12
IV. Alt-Italien. Rom	19
V. Prähistorisches. Etruskischer Handel nach dem Norden. Kelten in Gallien und Britannien	24
VI. Germanen	30
VII. Skandinavien	38
VIII. England	43
IX. Italien	45
X. Slaven	46
XI. Asien	53
XII. Afrika	59
XIII. Amerika	70
XIV. Australien	84
XV. Schluss	86
Verzeichnis der benützten Literatur	88